영국화가
엘리자베스 키스
그림에서
우리 문화 찾기

일러두기

1 | 이 책에 실린 엘리자베스 키스의 그림은 1946년에 영국에서 출간된 《올드 코리아》에 실린 작품과 송영달 선생님이 소장하고 있는 작품입니다. 《올드 코리아》는 송영달 선생님이 번역하여 한국어판 완역본 《영국화가 엘리자베스 키스의 코리아: 1920~1940》(책과함께, 2006)로 나와 있습니다.

2 | 엘리자베스 키스는 수채화와 유화도 그렸지만, 채색 목판화로 널리 알려졌습니다. 한 장밖에 만들 수 없는 수채화나 유화와 달리 목판화는 같은 그림을 여러 장을 찍어낼 수 있기 때문에 자신이 그린 동양의 모습을 더 많은 사람에게 전달할 수 있어 엘리자베스 키스는 목판화에 힘을 더 쏟았다고 합니다. 엘리자베스 키스는 그때그때 색을 바꾸어 찍으면서 같은 그림을 다양하게 만들기도 했습니다.

3 | 검은색이 아닌 색이 입혀진 글은 엘리자베스 키스가 직접 쓴 글입니다.

4 | 맞춤법과 띄어쓰기는 국립국어원에서 펴낸 《표준국어대사전》을 따랐습니다.

5 | 외국 인명과 지명은 국립국어원의 《외래어 표기 용례집》을 따랐습니다.

10살부터 읽는 어린이 교양 역사

영국 화가 엘리자베스 키스 그림에서 우리 문화 찾기

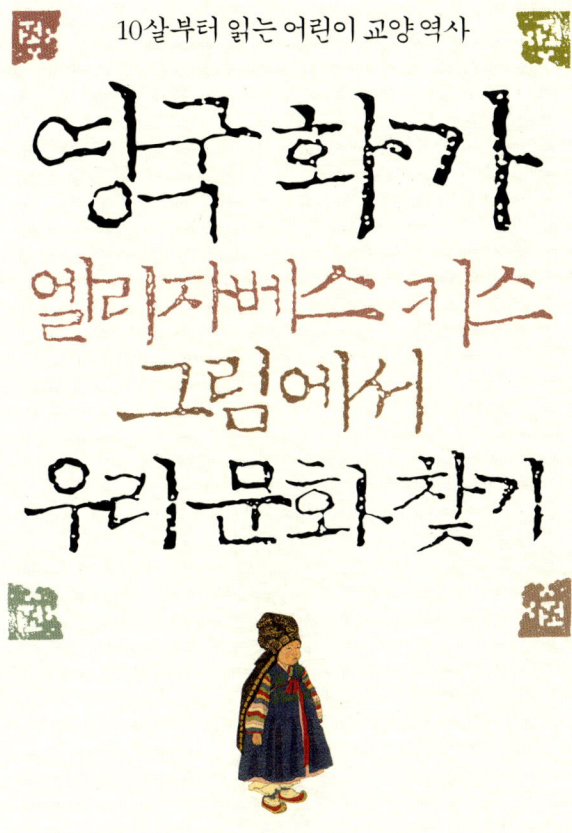

엘리자베스 키스 그림 · 배유안 글

책과함께어린이

머리말 :
내가 만난
엘리자베스 키스와 일제 시대 사람들

　내가 엘리자베스 키스를 만난 것은 그림을 통해서였어. 언덕에서 연 날리는 아이들의 환한 웃음, 아기 업은 엄마의 뒤로 돌려 잡은 손, 빨래하는 아낙의 방망이질……. 처음 그 그림들을 보았을 때 가슴에 차오르던 떨림을 아직도 잊을 수 없어. 오래전 우리 할머니, 할아버지가 살던 모습과 풍경은 아름다웠고 또 슬펐어. 그림마다 엘리자베스의 따뜻한 시선들이 넘쳐나서 나에게로 흘러 들어왔어. 그러니까 나는 엘리자베스가 아니라 그이의 따뜻한 눈길을 만난 거였지.

　엘리자베스의 그림과 언니 제시의 글은 마치 오래된 다락방에서 발견한 할머니의 젊은 날 일기처럼 아리고 아픈 증언이었어. 그때는 우리나라 역사에서 가장 욕되고 힘들었을 때야. 명성황후가 시해당하고, 일본에 주권을 빼앗겨 황제가 쫓겨나고, 칼 찬 일본 순경들이 우리나라를 제멋대로 휘젓고 다니던 일제 시대였거든. 서양 문물이 들어와서 세상이 빠르게 바뀌고, 나라를 되찾기 위해 젊은이와 학생들이 목숨 걸고 싸우던 때였지. 그때 그 시절을 살던

사람들과 마을의 모습이 그림에 가득 들어 있었어.

그림과 글을 보면서 나는 백 년 전의 서울과 평양, 함흥, 원산 거리에 서 있는 것 같았어.

설렘과 떨림을 안고, 엘리자베스가 보여 주는 그림을 그이와 함께 짚어 나갔어. 머나먼 영국에서 온 화가가 우리들의 옛 이야기를 조곤조곤 들려 주었어. 나는 어느새 우리 할머니와 할아버지의 옛 시절을 만나고 있었던 거야.

엘리자베스와 나눈, 낮지만 크게 울리는 이야기들을 지금 이 땅에 사는 어린이들에게 들려주고 싶었어. 그래서 쓴 이야기가 이 책이야.

2008년 12월 부산에서
배유안

화가 소개 :
영국에서 온 화가
엘리자베스 키스 (1887~1956)

푸른 눈에 머리칼이 붉은 서양 사람이구나.

빨간 방석 위에 두 손을 가지런히 모으고 앉은 모습이 퍽이나 이채롭지?

이 사람은 누구일까?

바로 영국 화가 '엘리자베스 키스'란다.

엘리자베스 키스는 1887년 영국 스코틀랜드에서 태어났어. 일본에서 근무하는 언니 부부를 따라 스물여덟 살에 일본에 왔다가 동양에 매혹되어 그대로 일본에 머물렀어. 그림에 소질이 있는지도 몰랐던 엘리자베스 키스는 동양에 와서야 자신에게 얼마나 재능이 넘치는지를 알게 되었대.

얼마 뒤, 엘리자베스 키스는 언니 제시와 함께 조선에 왔어. 삼일 운동이 시작된 지 한 달이 채 안 된 1919년 3월 28일이었지.

엘리자베스 키스는 조선을 그림에 담으면서 일본 식민지의 참모습을 알게 되었어. 그때 엘리자베스 키스는 힘겨운 식민지 시절을 당당하고 지혜롭게 헤쳐 나가는 조선 사람들에게 깊이 감명받았나 봐. 언니 제시가 일본으로 돌아가고 나서도 엘리자베스 키스는 혼자 남아 조선을 그림에 담았어. 여러 번

엘리자베스 키스의 초상화
Portrait of Miss Elizabeth Keith, 1922,
채색 목판화
일본에서 미인화를 잘 그리기로 이름난 이토 신수이라는 화가가 그렸어.

다시 오기도 했고.

이렇게 그린 그림을 모아 1946년에 《올드 코리아》라는 책을 영국에서 언니 제시와 함께 펴냈지.

엘리자베스 키스의 작품은 오늘날까지 미술계와 사람들의 관심을 끌고 있어. 미국 오레곤 대학교, 미국 퍼시픽 아시아 박물관, 일본 요코하마 박물관 등 여러 곳에서 엘리자베스 키스 작품의 전시회가 열리고 있어. 영국 여왕 엘리자베스 2세도 엘리자베스 키스의 팬이었대.

백 년 전 우리나라를 직접 본 영국의 화가는 어떤 그림을 남겼을까?
그림 속 당당한 옛 사람들과 아름다운 풍경을 같이 만나 볼래?

차례

머리말 : 내가 만난 엘리자베스 키스와 일제 시대 사람들 • 4
화가소개 : 영국에서 온 화가 엘리자베스 키스 • 6

1 정겨운 사람들

다정한 오누이 · 14
세상에서 가장 든든한 엄마 손 · · · · · · · · 16
세 남매 · 18
꼬마 도령 · 20
장옷을 입은 여인 · 22
독립운동가의 아내 · · · · · · · · · · · · · · · · · · 24
바느질하는 여인 · 26
맷돌로 곡식 갈기 · · · · · · · · · · · · · · · · · · · 28
빨래하고 오는 새댁 · · · · · · · · · · · · · · · · · 30
한 땀 한 땀 수놓기 · · · · · · · · · · · · · · · · · 32
아주머니들의 아침 수다 · · · · · · · · · · · · 34
스님이었던 할머니 · · · · · · · · · · · · · · · · · 36
필동이 아저씨 · 38
검정 고무신 신고 담배 한 모금 · · · · · 40
원산에서 만난 농부 · · · · · · · · · · · · · · · · 42
우산 모자를 쓴 할아버지 · · · · · · · · · · · 44

2 | 마음에 남는 풍속들

연날리기 · 48

장기 두기 · 52

널뛰기 · 54

설날 나들이 · 58

고운 새색시 · 60

결혼 잔치 · 62

결혼식에 온 손님 · 66

가마 타고 시댁으로 가는 새색시 · · · · · · · · · 68

어느 여름날 대청마루 · · · · · · · · · · · · · · · · · · · 72

골목길 풍경 · 74

모자란 모자는 다 있습니다 · · · · · · · · · · · · · 76

돗자리 가게 · 78

나막신 만드는 사람들 · · · · · · · · · · · · · · · · · · · 80

국수를 파는 주막 · 82

비나이다 비나이다 · 84

서당에서 공부하는 어린이들 · · · · · · · · · · · · 86

칼을 차고 있는 교사 · 88

3 | 아름다운 사람들

- 명성 황후 집안의 딸 · · · · · · · · · · · · · · · · 92
- 궁중 옷차림을 한 여인 · · · · · · · · · · · · · · 94
- 왜 나라를 뺏기고 말았을까 · · · · · · · · · · 96
- 한일 병합을 도왔던 할아버지 · · · · · · · · · 98
- 어머니의 부채 바람에 잠든 아기 · · · · · · 100
- 순이는 당차다 · 102
- 대한 제국 말기의 내시 · · · · · · · · · · · · · · 104
- 조선의 마지막 군인 · · · · · · · · · · · · · · · · 106
- 관리가 되지 못한 청년 · · · · · · · · · · · · · · 108
- 홍포를 입은 청년 · · · · · · · · · · · · · · · · · · 110
- 왕실의 제사를 지내는 할아버지 · · · · · · · 112
- 소리의 세계를 만드는 대금 연주자 · · · · · 114
- 세상이 바뀌는 걸 무슨 수로 막나 · · · · · · 116
- 인자한 선비 · 118
- 거문고와 피리 연주 · · · · · · · · · · · · · · · · 120

4 | 기억하고 싶은 풍경들

달빛 아래 서울 흥인지문 · · · · · · · · · · · · · · · 124
해 뜰 무렵 서울 흥인지문 · · · · · · · · · · · · · · 126
일곱 개의 물길, 화홍문 · · · · · · · · · · · · · · · · 128
소를 탄 아버지와 아들 · · · · · · · · · · · · · · · · · 130
별이 내리는 저녁 바다 · · · · · · · · · · · · · · · · · 132
선생님과 제자들의 나들이 · · · · · · · · · · · · · · 134
평양 대동문 · 136
대동강 풍경 · 138
아홉 마리 용들이 노니는 금강산 구룡폭포 · · · 140
구름을 타고 부처가 내려온 금강산 · · · · · · · · 142
저녁밥 짓기 · 144
하얀 불상 · 146

그림으로 찾아보기 • 148
사진 찾아보기 • 150

1

정겨운 사람들

다정한 오누이

두 명의 한국 아이들
Two Korean Children,
1940, 채색 목판화

색동저고리를 곱게 입은 오누이가 대문 앞에 서 있구나. 남동생이 누나 손을 꼭 잡고 있어. 누나는 예쁜 장식이 달린, 남바위라는 털모자를 썼어. 팔에 털토시까지 꼈네. 날이 몹시 추운 모양이야.

남동생 바지는 무척 부풀어 있지? 밖에서 마음껏 움직이며 놀라고 어머니가 넉넉하게 지었나 봐. 빨간 대님으로 바짓단을 야무지게 묶었어. 한복 바지는 활동하기에도 편하고 모양도 아주 훌륭해.

꽃신까지 갖춰 신은 게 명절이거나 잔치가 있는 날인가 봐. 어른들이 일하는 동안 동생을 돌봐주는 걸 보니 아주 착한 누나가 틀림없어. 어쩌면 남자아이는 '나, 누나한테 장가갈 거야.' 하고 말하고 다녔을지도 몰라.

활짝 열린 대문 너머로 마을이 훤히 내려다보여. 기와를 얹은 문밖으로 초가지붕들이 보이고 멀리 산도 보이지? 눈을 하얗게 덮어쓰고 있네. 아유, 이 추운 날 항아리를 머리에 인 아주머니가 아기까지 업고 어딜 가는구나. 다행히 아기가 포대기에 폭 싸여 있어서 춥지는 않겠다.

이 그림은 1940년에 만든 채색 목판화야. 원래는 산을 아주 크게 그렸다고 해. 결핵 퇴치 기금을 모으기 위해 크리스마스실을 만들 때 이 그림을 사용하게 됐어. 그런데 그때 문제가 생겼대. 인쇄까지 다 한 크리스마스실을 갑자기 일본이 압수해 간 거야. 산을 크게 그린 것이 군사법에 어긋난다나? 산을 작게 그리고, 또 그림에 1940년이라고 쓰지 말고 일본 연호를 써야 한다는 거야. 엘리자베스는 화가 났지만 좋은 일에 쓸 거니까 참고 다시 그렸대. 원래 금강산을 생각해 웅장하게 그린 것을 대문 안으로 넣어 작게 그리고 '1940년' 대신 '9년째 발간' 이라고 썼어. 엘리자베스는 조선에서 쓸 크리스마스실에 일본 연호는 기어이 쓰기 싫었나 봐.

남바위 두툼하게 누빈 공단에 고운 수를 놓고 토끼털을 둘러서 만든 겨울 모자야.

엘리자베스 키스의 그림으로 만든 크리스마스실 크리스마스실은 팔아서 결핵을 퇴치하는 데 쓰였어. 1932년 선교사 셔우드 홀이 우리나라에서 처음 만들었대. 맨 오른쪽 크리스마스실이 웅장한 금강산을 넣었다고 일본이 압수했던 거야.

세상에서 가장 든든한 엄마 손

눈이 내려 세상을 하얗게 덮고 있구나. 멀리 보이는 산도 온통 하얗고 동대문 지붕도 눈을 이고 있어서 단아해 보이네. 종일 눈이 왔나 봐. 소나무는 가지마다 눈을 한 아름씩 안고 있어. 무거울 텐데 하마 떨어질까 꼭 붙들고 있구나.

동대문이 훤히 내려다보이는 언덕에 아주머니가 아기를 업고 나왔어. 엄마와 아기 둘 다 솜을 넣은 두툼한 저고리에다 털 달린 남바위까지 야무지게 쓰고 있어 춥지는 않겠다. 아기 업은 포대기도 솜을 넣은 듯 따뜻해 보이지? 엄마는 솜버선에 나막신을 신었네. 아기 엉덩이를 받치고 있는 엄마 손 좀 봐. 작은 손이지만 아기를 넉넉히 떠받치고 있는, 세상에서 가장 든든한 손이야. 아기는 든든한 엄마 손이 있어 등에 매달려도 마음이 푹 놓이겠지?

그런데 아기는 엄마에게 업혀 밖으로 나왔는데도 방긋방긋 웃지를 않네. 새하얀 세상을 보고 양팔을 흔들며 소리를 지를 만도 한데 말이야. 어디가 아픈가?

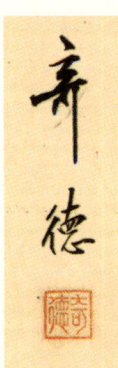

이 그림은 결핵 퇴치를 위한 모금 운동으로 1934년 크리스마스실에 사용된 그림이야. 어쩌면 그래서 아픈 아기를 그렸는지도 모르겠어. 그림 왼쪽 아래에 보면 한자로 '奇德(기덕)'이라고 쓰여 있지? 키스(Keith)라는 화가 이름을 발음이 비슷한 한자로 쓴 것인데 그 뜻이 '기적을 불러 오는 덕(사랑)'이 되니 크리스마스실에 딱 어울린다.

아기 업은 여인 Lady with a Child, 1934, 채색 목판화

세 남매

어머나, 귀여운 아이들이야! 세 남매가 예쁜 꼬까옷을 차려입고 나란히 앉아 있네. 모두 입술 모양이 도톰한 게 꼭 닮았어.

그림을 보고 또 보아도 지루하지가 않아. 한복의 빛깔 때문인가 봐. 빨간 두루마기는 파랑 안감을 대어서 색이 서로 돋보이면서도 차분하게 느껴져. 검정 두루마기에는 빨간 고름을 대어 어두워 보이지 않고. 여자아이의 색동저고리는 연두색과 노란색이 잘 어울려서 따뜻한 봄날 같은 느낌이야. 세 명의 옷 빛깔이 참 멋스럽게 어우러지는구나.

왼쪽에 빨간 두루마기를 입은 남자아이가 맏이인가 봐. 어리지만 믿음직하게 생겼어. 동생들 잘 챙기고 돌봐줄 것 같지? 흰 바지에 빨간 대님을 단단히 묶었고 하얀 버선에 노랑 비단신을 신었네. 신발 코는 연두색으로 멋을 냈어. 밑창이 두툼한 게 새 신 같아.

가운데 막내 아이는 두 손을 꼭 잡고 얌전하게 앉아 있어. 형이 가만히 있으라고 시켰나 봐. 짙은 두루마기에 빨간 고름을 야무지게 묶었네. 손목에 털토시도 끼고. 마루 위에 달랑 얹힌 두 발이 참 귀엽지?

오른쪽 여자아이는 예쁜 색동저고리에 병아리 같은 노랑 치마를 입었구나. 하얀 버선에 빨간 꽃신을 신은 두 발이 노랑 치마 밑에 살짝 나와 있네. 참하게 쓴 남바위에는 갖가지 색실로 술을 만들어 달았어.

한국의 어린이들 Young Korea, 1921, 채색 목판화

어른 한복도 우아하지만 어린이들이 입는 한복도 정말 귀엽고 예쁘지? 이렇게 예쁜 옷을 요즘은 백일이나 돌 때가 아니면 보기가 힘들어. 즐겁고 기쁜 날, 고운 한복을 자주 차려입었으면 좋겠다.

꼬마 도령

아주 잘생긴 꼬마 도령이야. 그림 제목을 봐. 꼬마 도령을 만난 날이 사월 초파일이야. '부처님 오신 날'이어서 말끔히 차려입었대. 색동저고리에 하얀 바지, 그 위에 파란색 전복을 딱 갖춰 입었어. 전복은 조끼처럼 생긴 긴 겉옷이야. 바지 아랫단에는 파란 대님을 매끈하게 묶었고. 빨간색과 연두색이 어우러진 비단신까지 신었어. 가슴에 빨간 띠를 야무지게 둘러서 한층 늠름해 보이지?

머리에 쓴 건 복건이라고 해. 검은 비단에 금박을 화려하게 입혀서 귀여움을 더해 주고 있지? 큰 사내아이들은 주로 금박 없이 만들었어. 원래는 유학을 공부하는 사람들이 쓰던 것이었는데 관례를 치르지 않은 사내아이들까지 쓰게 되었대.

또렷한 눈매와 야무지게 다물고 있는 입매 좀 봐. 이제 곧 사랑방으로 건너가 앳된 목소리로 "할아버님, 소손 문안드리옵니다."라고 할 것 같지 않아? 그러고는 할아버지 앞에 앉아 "하늘 천 따 지." 하고 어제 배운 천자문을 소리 내어 욀 거야. 그러면 할아버지는 벽장에서 유과라도 한 줌 내어 주며 "우리 집의 기둥이로고." 하며 덕담을 해 줄 게 틀림없어. 이 꼬마 도령은 나중에 틀림없이 훌륭한 일꾼이 되었을 거야.

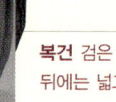

복건 검은 천으로 만든 모자야.
뒤에는 넓고 긴 자락을 늘어뜨렸어.

사월 초파일 Buddha's Birthday, 1919, 채색 목판화

장옷을 입은 여인

　한 여인이 눈, 코, 입만 내놓고 겉옷으로 얼굴을 다 덮어쓰고 있네. 나들이를 나온 모양이야. 예전에는 여인들이 바깥나들이를 잘 하지 않았어. 어쩌다 밖으로 나올 때는 남의 눈에 띄지 않도록 조심했지. 살림이 넉넉한 여인들은 가마를 많이 탔지만 그렇지 못한 여인들은 장옷이라고 하는 긴 두루마기 같은 옷으로 얼굴과 몸을 가렸어. 말하자면 장옷을 덮어쓰는 게 정식 외출복인 셈이야. 나중에는 왕실 여인들도 장옷을 입었다고 해.

　장옷은 주로 초록색이었고 고름은 자주색이었어. 이 그림의 제목을 봐. '초록색 장옷'이지? 흑백 그림만 남아 있지만 화가가 남겨 놓은 제목을 보고 빛깔을 상상해 볼 수가 있어. 아마 깃과 소맷자락엔 자주색으로 멋을 부렸을 거야.

　여인들이 얼굴이나 몸매를 가리고 다니는 풍습은 우리나라에만 있었던 게 아니야. 서양 여인들도 반드시 모자를 썼고, 모자를 장만할 수 없는 가난한 서민들은 어깨에 두르던 숄을 머리에 덮어쓰기도 했어. 인도 여인들도 차도르를 쓰고 다녔고 아랍 여인들도 히잡으로 얼굴을 가렸지.

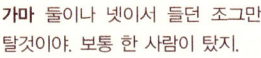

가마 둘이나 넷이서 들던 조그만 탈것이야. 보통 한 사람이 탔지.

장옷 여자들이 나들이할 때 머리부터 길게 내려 쓰던 옷이야. 소매가 있지만 팔을 꿰지는 않아.

초록색 장옷 The Green Cloak, 수채화

독립운동가의 아내

머릿수건을 쓴 아주머니가 마루에 앉아 있네. 북쪽 지방의 여인이야. 여름인가 봐. 속이 비치는 삼베와 모시옷을 입었어. 마루에는 돗자리도 깔려 있고.

남남북녀란 말 들어 봤어? 남자는 남쪽 사람, 여자는 북쪽 사람이 잘생겼다는 뜻이야. 게다가 북쪽 여인들은 심지가 굳고 생활력이 강해 기울어 가는 집안도 일으켜 세운다고 할 정도야.

이 아주머니는 온화하면서도 슬픈 표정이구나. 사실 그럴 수밖에 없어.

이 사람은 일본 경찰에 끌려가 온갖 고문을 당하고 감옥에서
풀려 나온 지 얼마 되지 않았다. 몸에는 아직도 고문당한 흔적이 남아 있었지만
표정은 평온했고 원한에 찬 모습은 아니었다.
타고난 기품과 아름다움이 온몸에서 뿜어져 나왔다.
남편이 죽었지만 마냥 슬퍼할 처지가 아니었다. 외아들도 일본 경찰에
끌려가 언제 다시 아들을 만날 수 있을지 알 수 없는 형편이었다.
남편과 아들은 삼일 운동에 열심히 참여한 애국자였다.

그때는 일본에 저항하며 독립운동을 하다가 잡혀가는 일이 흔했어. 이 사람도 남편과 아들을 일본에 빼앗기고 자신도 고문을 받았지만 나라가 위태로웠

과부 The Widow, 수채화

던 때이니 의연한 마음을 먹고 있나 봐. 이제 혼자서 남은 식구들을 먹여 살려야 하는 무거운 책임을 졌으니 마음을 약하게 먹으면 안 되겠지?

뒤쪽 벽에 초록색 장옷이 걸려 있네. 아들이 잡혀 있으니 아주머니도 감시를 받고 있겠지만 그냥 가만있을 수 없었을 거야. 밤에 일본 경찰의 눈을 피해 저 장옷을 둘러쓰고 이런저런 비밀 연락을 하고 다녔을지도 몰라.

바느질하는 여인

바느질하는 여자,
Woman Sewing, 수채화

긴 머리를 곱게 빗어 쪽을 찐 여인이 바느질을 하고 있는 뒷모습이야. 앉음새가 반듯한 게 기품 있는 부인 같아. 고운 무늬를 넣어서 짠 돗자리를 깔고 방문을 열어 놓은 걸 보니 여름이구나. 마당에 햇빛이 가득한 한낮이야.

왼쪽에 놓인 반짇고리에는 색색의 실과 하얀 천 조각이 담겨 있네. 오른쪽에 반짝반짝 잘 닦은 놋쇠 화로에는 인두가 꽂혀 있고. 화로에 꽂아 둔 인두는 작은 다리미인데 저고리 깃이나 동정같이 좁은 부분을 다릴 때에 요긴하게 썼지. 손바느질을 해 옷을 손수 만드는 것도 일이지만 빨래한 옷이나 헌옷들도 손질할 일이 많아서 부인들은 하루도 손에서 바늘을 놓을 수가 없어. 광목처럼 부드럽지 않은 옷을 바느질할 때는 바늘 끝을 손가락으로 꼭 눌러야 쑥 들어가. 그래서 엄지나 검지에는 골무를 껴야 했지. 돌아앉아 있어서 보이지는 않지만 아마 이 부인의 손가락에도 골무가 껴 있을 거야.

아무튼 식구들의 옷을 손질하는 일은 여인들에게 큰 일거리야.

빨래하는 일은 또 어땠는 줄 아니? 빨아서 말리기만 하면 되는 게 아니야. 잿물에 삶아야 깨끗하게 때가 빠져. 어떤 옷은 풀을 먹여 다듬잇돌에 두도려야 옷감의 결이 반듯하게 돌아오지. 그러고 나면 볕 좋을 때 빨랫줄에 널어 말려서는 숯다리미로 꼼꼼히 다렸어. 어떤 옷은 바느질한 솔기를 다 뜯어서 빨고 다시 바느질로 지어야 하는 것도 있어. 이런 일들을 여인들이 얼마나 솜씨 있게 잘하는지 세탁한 옷들은 마치 새 옷처럼 깨끗했어.

반짇고리 바느질에 필요한 바늘, 실, 골무들을 담아 놓는 그릇이야.

골무 바느질할 때 바늘에 찔리지 않으려고 손가락 끝에 꼈어. 헝겊이나 가죽으로 딱딱하게 만들었지.

다듬잇돌 다듬이질할 때 쓰는 거야. 돌이나 나무로 만들어. 다듬잇돌 위에 옷감을 올려놓고 다듬잇방망이로 두드리지.

숯다리미 숯불을 담아서 뜨겁게 달군 뒤 옷을 다렸어.

조선의 집은 천장이 낮으며 작은 방 안에는 장롱이 놓여 있다. 장롱은 잘 다듬은 나무로 만들어 빨간 옻칠을 했고 놋쇠로 장식해서 더욱 화려하다. 조선 장롱은 이미 유명하지만 그것이 얼마나 쓸모 있는지는 직접 보아야 실감이 난다. 옷들이 장롱 속에 차곡차곡 질서 정연하게 들어 있는 광경을 보면 누구나 감탄할 수밖에 없다. 그림 속의 여자는 가난한 사람들을 돕기 위해 손수 만든 옷들을 꺼내 놓았다.

맷돌로 곡식 갈기

맷돌 돌리는 여인들 Women at Work, 1919, 수채화

28 | 영국 화가 엘리자베스 키스 그림에서 우리 문화 찾기

하얀 머릿수건을 단정하게 쓴 여인 둘이서 함께 맷돌을 잡고 돌리고 있네. 시어머니와 며느리 사이 같구나. 여염집에서 흔히 볼 수 있는 풍경이야. 마당에 멍석을 깔아 놓고 그 위에 얇은 천을 펴 놓았지? 맷돌에서 흘러나오는 마른 가루를 받도록 말이야. 삶은 콩이나 불린 쌀같이 젖은 걸 갈 때는 맷돌 아래에 커다란 함지를 받쳐 놓아야 해.

맷돌은 매끈하게 다듬은 둥근 돌 두 개를 아래위로 겹쳐서 만들어. 한가운데에 뚫어 놓은 구멍을 맞추어 중심축을 잡고 윗돌에 나무로 만든 손잡이를 달았어. 오래전부터 집집마다 갖춰 놓고 쓰던 '손방아'라고 할까? 요즘 믹서에 가는 것은 모두 맷돌에 갈 수 있었어. 여름에 시원한 콩국도 간단히 만들 수 있고 깨죽이나 잣죽도 맷돌만 있으면 문제없어. 아, 녹두 빈대떡도 맷돌에 갈아 만들면 훨씬 맛있어.

오늘 할머니와 아주머니는 부꾸미나 전병이라도 부치려나? 방 안에서 책을 읽고 있는 할아버지가 좋아하는 별미인가? 마당 오른쪽에 길게 그림자가 드리운 걸 보니 해가 지기 시작했나 본데, 이 집 식구들이 저녁에 어떤 별미를 해 먹을지 궁금해진다.

맷돌 곡식을 가는 데 썼어. 위로 나 있는 구멍으로 재료를 넣고 돌리면 곱게 갈려서 두 돌 사이로 흘러나와.

빨래하고 오는 새댁

짧은 저고리를 입은 젊은 새댁이 젖은 빨래를 한 아름 이고 있어. 큰 함지박을 손으로 잡지도 않고 있는 모습이 신기하지 않니? 함지박 아래에 짚을 꼬아 만든 똬리를 받쳐서 미끄러지지는 않겠지만 그래도 대단해.

함흥 여자들은 서울 여자보다 키도 크고 자세도 꼿꼿하다.
젖은 빨래를 이고 있었는데 별로 힘들어 보이지 않았다.
바로 이 동네에서 어느 한 여인이 살아 있는
새끼 돼지를 머리에 이고 가는 것을 본 적도 있다.

빨랫감 사이에 나무로 만든 빨랫방망이도 보이네. 요즘은 세탁기로 빨래를 하지만, 옛날에는 개울에 앉아 방망이로 타닥타닥 두드려 가며 빨래를 했지. 그림자가 짧은 걸 보니 한낮인 모양인데 햇살이 꽤 따가운가 봐. 머릿수건을 너풀거리게 해서 해를 가리고 있잖아.

똬리 짐을 머리에 일 때 받치는 물건이야.

빨랫방망이 때를 잘 빼려고 빨래 할 때 두드리는 방망이야.

보통은 아이들까지 데리고 가서 목욕도 시키고 하는데 이 여인은 혼자네. 앳된 얼굴에다 손가락에 하얀 옥가락지 두 개를 낀 걸 보면 결혼한 새댁인데 아직 아이가 없나, 아니면 갓난아이라서 할머니가 봐 주시나? 시집살이는 호되지 않은가 몰라.

함흥의 어느 주부 A Hamheung Housewife, 수채화

한 땀 한 땀 수놓기

탐스러운 긴 머리에 빨간 댕기를 두른 소녀가 얌전히 앉아 수를 놓고 있어. 고개를 살짝 숙인 채 눈을 내리깔고 있는 소녀 얼굴을 봐. 수틀에 온통 정신을 쏟고 있어.

오른손은 바늘을 빼 올려 위로 쑥 들고 있어. 팽팽하게 실을 잡아당기고 있는 손가락을 봐. 힘을 잘 조절해 실을 잡아당겨야 수놓은 천이 울지도 않고 느슨하지도 않아.

한 땀 한 땀 무얼 수놓고 있을까? 색상이 화려한 걸로 모아 복주머니나 베갯모일 것 같아.

여자아이들은 어릴 때는 마당에서 곧잘 놀기도 하지만 열 살이 넘으면 집 안에서 수놓기나 바느질, 요리 등을 배웠어.

수를 놓은 것은 그대로 혼수품이 되었어. 베갯잇이나 이불깃, 이불보, 밥상보, 복주머니 등을 수놓아 차곡차곡 모아서 시집갈 때 가지고 가지. 그건 새색시의 솜씨 자랑이 되기도 했어. 이 소녀도 아름다운 색실로 한 땀 한 땀 수를 놓으며 장차 만나게 될 신랑이 마음씨 좋고 부지런하며 늠름하기를 빌고 있을 거야.

댕기 길게 땋은 머리카락 끝에 장식으로 다는 거야.

수놀기
Embroidering, Korea,
1921, 채색 목판화

복주머니 복을 받기 바라는 마음으로 쌀, 깨, 팥 같은 곡식을 넣어 설날에 어린이에게 달아 주는 작은 주머니야.

베갯모 베개 양 끝 마구리에 다는 거야. 아름다운 원앙이나 학, 거북 등을 수놓아 부부가 오래오래 금슬 좋게 살기를 바랐어.

아주머니들의 아침 수다

아침 수다
A Morning Gossip, 1921,
채색 목판화

두 아주머니가 길에 서서 이야기를 나누고 있네. 한 여자는 빨랫감을 잔뜩 인 데다 손에는 간밤에 쓴 요강도 들고 있어. 개울가로 가는 길이겠구나. 또 한 여

자는 옆구리에 보퉁이를 들고 있는데 바느질감인가? 저고리가 어찌나 짧은지 등이 살짝 보이네. 모양은 다르지만 둘 다 머릿수건을 쓰고 있어.

딱 붙어 서서 무슨 중요한 이야기를 하는 걸까? 시집살이하며 아이 낳아 키우는 여인들이니 얼마나 할 얘기가 많겠어?

오다가 만나도 이야기 한 소쿠리, 가다가 만나도 이야기 한 소쿠리, 밤에는 바느질감 들고 모여 또 한 소쿠리, 해도 해도 끝도 없는 게 사는 이야기야. 서방님이 읍내에 갔다가 타 보았다는 전차나, 신기한 활동사진(영화) 이야기인가? 어쩌면 서울에서 신여성들이 한다는 자유연애 이야기에 귀가 솔깃해 갈 길을 잊고 있는지도 모르겠어.

기와를 얹어 반듯하게 쌓은 담장 위로 곱게 핀 능소화가 살짝 넘어와서 아주머니들의 수다를 엿듣고 있네. 담장 아래 자라고 있는 키 작은 풀들을 봐. 자세히 보면 앙증맞은 풀꽃들도 요기조기 피어 있을걸. 이제 그만 가야 할 텐데……. 저러다 어른들께 걱정 듣겠어.

▎신여성

조선이 서양 문물을 받아들이기 시작한 개화기 때 신식 교육을 받은 여자를 이르던 말이야. 글도 배울 수 없었고 남녀가 자유롭게 만날 수 없었고 결혼하면 집안일만 했던 개화기 전의 여성들과 달리 서양의 사고방식을 받아들이고 전문 지식을 배워 자기 일을 가진 여성을 꿈꾸었지. 머리나 옷차림새도 서양식으로 하고 다녔어. 커피를 마시며 남녀가 자유롭게 만나기도 했대.

스님이었던 할머니

　할머니가 조바위를 얌전하게 쓰고는 두 손을 모으고 다소곳이 앉아 있어. 그림 모델 한다고 곱게 접어 보자기에 싸 두었던 옥색 저고리를 꺼내 입었나 봐. 얼굴에도 손에도 깊은 주름이 있어.
　이 할머니는 작은 암자에서 예불을 드리던 여승이었어.
　어느 날 제사상을 차리다가 아궁이에서 불이 번져 나와 심한 화상을 입는 바람에 선교사들이 운영하는 병원에 입원하게 되었어. 거기서 사람들이 날마다 찬송하고 기도하는 걸 들었는데 아무도 이 할머니 스님에게 기독교에 대해 얘기하지 않았대.
　할머니는 퇴원하고 나서 한 달 뒤에 병원으로 다시 와서는 자기가 스님 일을 그만두었고 기독교인이 돼서 이 병원에서 살고 싶다고 했어. 병원은 아픈 사람을 치료하는 곳이지 사람이 사는 곳이 아니라고 했지만 할머니는 물러서지 않았어. 평소 이 할머니를 좋아하던 의사와 간호사가 병원장을 설득해 허락을 받았대. 그래서 이 할머니는 병원 복도에 병풍을 치고 살았어. 글도 배우고 성경 공부도 빠지지 않으며 아주 행복한 얼굴로 병원 일을 도왔지.
　조선 말기, 일제 시대에 우리나라에 선교를 하러 온 서양 사람들이 많았어. 그들은 병원이나 학교, 교회를 세워 사람들에게 봉사도 하고 선교도 하고 그랬지. 그러면서 우리나라에 새 학문과 기술이 들어왔어.

여승이었던 동씨
Tong See, the Buddhist Priestess,
채색 동판화

기독교는 이렇게 수천 년 동안 내려온 우리나라의 무속 신앙과 불교, 유교적 생활 관습과 때로 마찰을 일으키기도 하면서 사람들의 사고방식에 큰 영향을 미쳤어.

● 필동이 아저씨

    상투를 튼 아저씨가 풀밭에 앉아서 먼 곳을 바라보고 있어. 눈빛이 아주 실감 나. 필동이라고 하는 농부래. 여기저기 기운 바지와 거친 손을 보니 가난한 사람 같은데 눈빛은 아무도 함부로 못 대할 정도로 강해. 이 아저씨는 세상에 불만이 많은가 봐. 고집스러워 보이는 얼굴에 못마땅한 표정까지 짓고 있잖아. 화가 났는지 머리카락과 눈썹까지 뻣뻣하게 서 있어.

    '가진 거라고 달랑 지게 하나뿐인 형편이라 부지런히 나뭇짐 해다 날라도 사는 게 도무지 펴지지가 않아. 논밭 일이야 열심히 해 봤자 소작료로 반 넘게 건네줘야 하고, 땅뙈기 좀 있다고 소작을 떼니 붙이니 하며 유세 떠는 땅 주인들 때문에 안 그래도 살기가 팍팍한데, 이제는 일본 사람들까지 설치고 다니면서 수탈을 하니, 딱 죽을 맛이야. 그동안 권세 부리던 양반들은 도대체 뭐하느라고 나라까지 빼앗겨서는 가난한 백성들 살기를 이다지도 어렵게 만드냐 말이다.'

    그저 입에서 욕이 나오고 이놈의 땅, 확 떠나 버릴까 싶기도 하겠지. 아기를 가져 부른 배를 안고 종일 볕에 그을리며 밭을 가꾸던 아내가 아들을 낳아도 먹여 살릴 일이 걱정이라 기쁘기는커녕 한숨부터 나오는 판이니, 가슴에 울화가 잔뜩 치밀어 오를 수밖에. 풀밭에 퍼질러 앉아 화를 삭이고 마을로 내려가야지, 안 그러면 불쌍한 아내에게 화풀이를 하게 될 거야.

    이 아저씨는 모델을 서기 전에 나무를 하고 있었나 봐. 지게 위에 나무가 한 짐 있어. 한참 있다가 지게를 지고 내려가겠지. 나뭇단이라도 해 가야 좁쌀죽이라도 끓이고 방을 덥힐 수가 있으니까. 그래도 밥상 차려 내오며 말을 거는

필동이 Pil Tong Gee, 수채화

아내에게 퉁명스럽게 몇 마디 하고는 담배를 말아 피우겠지. 미안하고 안쓰러운 마음을 속에 감추고 말이지.

지게는 단점이 거의 없는 기구다.

지게는 일단 등에 지면 짐의 무게가 등 전체에 골고루 나눠지기 때문에,

지게꾼이 두 발로 일어설 수만 있다면 어떤 짐도 나를 수 있다.

한국에는 지게가 없는 곳이 없으며, 지게로 나르지 못하는 게 거의 없다.

살아 있는 돼지도 지고 갈 수 있고,

집채만 한 농짝도 실어 나를 수 있으며

부서지기 쉬운 옹기들도 얹어서 옮길 수 있다.

지게 나무로 만들어, 무거운 짐을 싣고 등에 지고 다니지. 짐을 쌓을 때에는 'Y'자 모양의 지겟작대기로 버티어 땅에 세워 놓고 싣는단다.

검정 고무신 신고 담배 한 모금

담뱃대를 문 노인
Lazy Man Smoking,
수채화

길을 가다 가끔 열려 있는 문 안으로 나이 많은 할아버지가
긴 담뱃대를 물고 있는 한가로운 장면을 볼 수 있다.

할아버지가 작은 갓을 쓰고 앉아 느긋하게 담배를 피우고 있네. 빠끔빠끔 담뱃대에서 연기가 올라와. 일하다가 잠시 한 귀퉁이에 짚방석을 깔고 앉아서 담뱃대 물고 쉬시는가 봐. 한 세월 사신 흔적이 이마에 주름살로 고스란히 드러나 있구나. 시절이 어수선하니 주름살 몇개가 더 늘겠어.

담뱃대는 언제 어디든 들고 다니는 물건이야. 가끔은 저걸로 말 안 듣는 아이들을 야단치기도 했지. 옛날이야기에도 할아버지와 담뱃대는 늘 붙어 다니잖아?

그런데 신을 봐. 버선에 검정 고무신이야. 1920년쯤에 짚신보다 질기고 물이 안 새서 비 오는 날 신어도 좋은 고무신이 소개되어 인기를 끌었는데, 남보다 먼저 한 켤레 장만하셨네.

담뱃대

담배를 피우는 사람들은 외출할 때 담뱃대와 담배쌈지를 꼭 가지고 다녔어. 재미있는 건 담뱃대야. 긴 담뱃대로 담배를 피우면 해로운 성분이 많이 가신대. 지혜로운 방법이지. 담뱃대는 신분이나 경제력을 보여 주는 잣대가 되기도 했어. 권세 있는 자람들은 좋은 나무로 만든 긴 담뱃대에 그림이나 조각으로 무늬를 넣기도 했고, 끝부분을 은으로 만들어 쓰기도 했어. 보통은 대나무와 놋쇠로 만들었지. 양반들의 담뱃대는 아주 길어서 하인이 불을 붙여 주어야 비로소 담배를 피울 수 있어. 신분이 낮은 사람들은 손바닥 길이만 한 짧은 담뱃대를 썼고.

원산에서 만난 농부

이 청년은 원산에서 만난 농부다. 내가 그림을 그리자고 했더니
그날은 말쑥하게 차려입고 왔다.
평상시 농부의 모습을 그리고 싶었는데 참으로 유감이었다.

건장한 농부가 읍내에 나갈 때 입는 외출복을 차려입었구나. 그림을 그린다고 해서 잔뜩 긴장한 모습이야. 두 손을 꼭 잡고 있잖아. 큰 삿갓은 따가운 햇볕을 가리기에도 넉넉하고, 갑자기 비라도 오면 우산을 대신해서 아주 요긴하게 쓰이지. 지난번 싸우고 화해 못한 사람을 보면 슬쩍 얼굴을 가릴 수도 있고.

뒤로 보이는 들판이 참 평화로워 보이는구나. 논은 모내기를 하려고 잘 방잘방 물을 대고 써레질을 해서 흙을 고르게 해 놓았어.

소를 타고 유유히 가고 있는 농부도 보이네. 풀도 먹이고 논도 살필 겸 나온 모양이야. 시골 풍경에서 누렁소만큼 정겨운 게 또 있을까? 소는 참을성이 참 많아. 쟁기를 달고 논밭을 갈기도 하고 무거운 짐을 등에 지고 가면서도 주인 말을 잘 들어. 그래서 서두르지 않고 묵묵히 일 잘하는 사람을 보고 소처럼 믿음직스럽다고 하잖아.

오른쪽에는 소나무 한 그루가 비스듬히 서 있네. 오랜 세월 이 마을의 들판을 굽어보았을 거야. 나무 아래쪽 가지들은 추운 날 누군가의 방을 덥힐 땔감으로 다 내주고 없어.

농부 The Farmer, 수채화

우산 모자를 쓴 할아버지

모자에 우산을 달겠다는 기발한 생각은
아마 한국 사람만이 할 수 있으리라.

정말, 비 오는 날 우산 모자를 쓰면 되게 편리하겠다. 두 손이 다 자유로우니 짐을 들거나 일을 하는 데도 불편하지 않겠지? 우산 잃어버릴 일도 없겠어. 이 할아버지도 마음 놓고 어디 앉아 있다가 그냥 일어나도 우산이 머리 위에 얹혀 있어서 걱정 없겠다.

그런데 어째 좀 이상하다. 대문 안에 빨래가 널린 걸 보니 비는 그쳤나 본데 왜 들어가지 않고 대문 앞에 쪼그리고 앉아 있을까? 할아버지는 비보다 다른 걱정이 있나 봐. 안경까지 끼고 이마에 잔뜩 주름을 짓고 있는 게 보는 사람도 걱정하게 만들어.

'개화 바람이 불어 눈 침침한 나 같은 노인이 안경 얻어 쓸 형편이 되어 좋기는 한데 어찌 된 게 사는 일이 자꾸 힘들어지는구나. 논밭 떼어 팔아 신식 공부 시킨 손자 놈은 농사일 싫다더니 뭔 일을 하는지 집에 잘 들어오지도 않고, 아들은 누가 금광 찾아다니다가 부자 됐다며 바람이 잔뜩 들어서는 농사일도 건성건성이지, 며느리는 엊그제 양장 입은 사돈처녀 다녀가고 나서부터는 양산이다, 고무신이다, 하며 제 서방을 닦달해 대더니 이렇게 대문 활짝 열어 놓고

우산 모자
The Umbrella Hat,
수채화

'어딜 갔는지……. 어제 찾아온 일본인 면서기는 개천 쪽 소출 많은 논 가운데로 큰길을 낸다고 협조하라니 꼼짝없이 논을 빼앗길 판이고……. 휴, 할멈이 살아 있었더라면 이럴 때 의논도 하고 의지도 될 텐데…….'

세상이 달라지면서 이 할아버지는 걱정만 자꾸 느나 봐.

정겨운 사람들 | 45

2

마음에 남는 풍속들

연날리기

겨울은 추수도 끝나고 농사일이 한갓져서 아이들은 물론 어른들도 제법 여유가 있어. 설날, 대보름 같은 명절이 있어서 좀 들뜨기도 하지. 그 무렵 뒷산 언덕바지에 올라 마음까지 두둥실 하늘로 날려 올리는 놀이가 바로 연날리기야. 바람의 세기나 부는 방향에 따라 연줄을 감았다 풀었다 하며 조절하는데 그에 따라 연은 자유롭고 힘차게 하늘을 누비게 되지.

서울은 연날리기에 최고로 좋은 도시다.
서울의 언덕은 경사가 완만하여 아이들이
쉽게 올라가서 연을 날릴 수 있다. 연 날리는 철이
돌아오면 하늘이 온통 형형색색의 연으로 뒤덮인다.
조선 어린이들의 연 날리는 기술은 대단하다.
미국에서 온 남자 선교사는 조선의 연날리기 시합은
미국의 야구 시합만큼이나 흥미진진하다고 했다.

연날리기 Kite-Flying, 수채화

야트막한 언덕에 아이들이 모여 연을 날리고 있네. 말간 하늘에 두둥실 연들이 춤추고 있어. 빨간 댕기를 늘어뜨린 여자아이가 얼레를 들고 높이 뜬 연을 올려다보고 있구나. 다부진 옆모습이며 연 날리는 자세가 만만치 않네. 그 옆에서 한창 줄을 조종하고 있는 남자아이 차림새 좀 봐. 바지저고리에 학생 모자를 쓰고 있는 걸로 보아서 신식 학교에 다니는 게 분명해. 그때는 저렇게 입고 학교에 다녔대. 열중해 있는 모습이 둘이서 연싸움이라도 할 참인가?

어쩌면 여자아이는 자기도 여학교에 다니고 싶은 소망을 빌고 있는지도 몰라. 같이 연날리기하는 소꿉친구도 다니는데 저만 못 가면 속이 얼마나 상하겠어? 이 그림이 그려진 1919년쯤에는 여자들이 다니는 학교가 여기저기 생겼어. 참 1919년은 삼일 운동이 일어난 해야. 알지? 일본에 강점당한 우리나라를 독립시키려고 온 국민이 일어나 대한 독립 만세를 불렀던 거 말이야. 많은 사람이 감옥에서 고문당하다가 죽었어. 그때 유관순도 여학교에 다니고 있었어.

집안의 남자 어른들은 대부분 딸아이를 학교에 보낼 생각을 하지 않았어. 사는 게 넉넉하지도 않았고. 근데 잘 봐. 여자애의 어깨며 서 있는 자세가 여간 당차 보이지 않는데, 그해 봄부터 기어이 학교엘 다녔을 것 같지 않아? 다 큰 계집아이를 신식 학교인지 뭔지로 내보내는 게 영 못마땅한 할아버지가 '애에잉' 하며 담뱃대를 땅땅 치는 소리를 뒤로하고 말이지.

왼쪽에 꼬마아이 하나는 찢어진 연을 옆구리에 끼고 돌아서서 울고 있네. 형이 날려 준 연을 붙들고 있다가 조종하는 게 서툴러서 주르르 바닥에 떨어뜨린 모양이야. 그 옆에 색동옷 입은 아이가 용용 죽겠지, 하는 얼굴로 웃고 있고. 그러니까 얼마나 더 서러웠겠어.

뒤에 연을 들고 기다리는 여자아이 보이지? 오빠가 어서 연을 띄워 주길 기다리나 봐. 구경하는 것만으로도 좋은지 보채지도 않고 귀엽게 웃고 있네. 아기 업은 남자애 좀 봐. 모자 쓴 거 보니까 학생 같은데 얼마나 연을 날리고 싶었으면 아기를 업고 나왔을까?

연싸움

연싸움은 연을 날리면서 다른 편 연실을 끊는 싸움이야. 실에다 유리 가루를 바르면 실이 강해지고 상대방 실을 끊을 수가 있어. 사람 대신 연이 하늘을 무대로 너울너울 춤추게 하고 또 서로 겨루기도 하는 게 바로 연싸움의 짜릿한 즐거움이지. 정월에 띄우는 연에는 지난해 힘들었던 것들을 실어 보내며 근심을 털어 버리기도 하고, 마음에 품은 소망을 적어 하늘에 편지를 띄우기도 해.

장기 두기

할아버지들이 마루에 돗자리를 깔고 앉아 장기를 두고 있어. 깔끔한 차림새를 보니 며느리들이 부지런하고 시아버님을 잘 모시나 봐.

흰 두루마기를 입은 할아버지는 장기말을 들고서 한참 생각하고 있어. 이걸 어쩐다? 여기 놓자니 저 말이 잡히겠고 저기 놓자니 이 말이 위태하겠고. 허 참, 딱 한 수만 물리고 싶은데 저 영감탱이가 순순히 오냐, 할 리는 없고…….

푸른 저고리를 입은 할아버지는 느긋하게 담배만 피워 대고 있어. 속으로는 '이 친구야, 이번 술은 자네가 사야겠네.' 하며 슬슬 웃음이 나오려는 걸 참고 있겠지. 오른쪽 허리춤에는 담배쌈지가 얌전히 달려 있네.

뽀얀 연기가 흰 두루마기를 입은 할아버지를 약이라도 올리듯 모락모락 피어오르고 있네. 부엌에서는 며느리가 두 어른 점심 차리느라 조물조물 나물이라도 무치고 있겠지?

장기

약 삼천 년 전 고대 인도에서 처음 시작된 장기는 고려 때에 중국을 통해 우리나라에 들어왔어. 네모 판 위에서 왕과 장군, 군졸들이 전쟁을 하는 놀이로 머리를 아주 잘 써야 해.

전쟁을 좋아하는 왕을 집에 붙들어 놓으려고 어느 왕비가 장기를 고안해 냈다는 이

장기 두기 A Game of Chess, 1936, 채색 동판화

야기가 있는데 일리가 있는 거 같아. 남자들의 놀이로 이만큼 널리 퍼진 게 없을 정도로 인기가 있는데다 얼마나 목숨을 걸고 두는지 가끔은 친구끼리 싸움이 나기도 하잖아.

● 널뛰기

두 여자아이가 널을 뛰고 있어. 오른쪽 아이는 치맛자락을 가볍게 부여잡고 있는 모습이 여유가 만만해. 한 손을 내젓기도 하네. 공중에 붕 떠 있는 왼쪽 아이는 초보인가 봐. 발이 제자리에 닿지 않을까 봐 아래만 보고 있잖아. 치맛자락을 꽉 움켜쥐고 여간 긴장한 모습이 아니야.

널뛰기는 한쪽에서 뛰어올랐다가 정확하게 원래 자리에 내려와 몸의 무게를 실으면 그 힘을 이용해 상대방이 풀쩍 올라가는 놀이야. 번갈아

널뛰기 Seasaw, 수채화

마음에 남는 풍속들 | 55

뛰면서 탄력을 받아 더 높이 치솟게 되는데 자기 키보다 훨씬 더 높이 올라가기도 해. 이건 상당한 기술이 필요해. 박자나 몸의 균형이 맞지 않으면 위험도 하고.

수숫대로 엮은 울타리에서 아기를 업고 구경하고 있는 여자 보이지? 좀 기다렸다가 처녀들한테 아기를 맡기고 널을 뛸 것 같은데, 빙긋이 웃고 있는 표정을 보면 처녀 적에 한껏 뽐내던 솜씨를 곧 보여 줄 생각인가 봐. 여자들이 즐길 게 많지 않은 시절이라 널뛰기는 여간 재미있는 게 아니야.

주로 봄에 많이 하는 놀이인데 그네뛰기와 더불어 여자아이들이 가장 많이 하는 놀이였지. 옛날 양반가에서는 여자아이가 열 살이 넘으면 집 안에서만 놀아야 하고 밖에 나갈 수가 없었어. 바깥세상이 얼마나 궁금했을까. 그래서 널뛰기를 하며 담장 밖을 잠깐이나마 엿볼 수 있었다고 해.

그때 여자들은 여러 가지로 사는 게 힘들었어. 여자는 남자들만큼 귀히 대접

▍널뛰기

널을 뛰는 데 필요한 건 탄력성이 있고 견고한 널빤지와 널빤지 중간에 널을 받치는 널받침 정도면 돼. 간단하지? 고이개라고도 하는 널받침은 짚 묶음이나 흙을 담은 가마니 같은 것으로 하는데 높이는 30cm 정도가 적당해.

널뛰기의 동작은 간단하지 않아서 여러 가지 기술이 있어. 이름도 재미있는데 한번 들어볼래? 뛰어올랐을 때 두 다리를 곧추 펴고 뛰는 것을 '곧추뛰기', 두 다리를 앞뒤로 벌려 뛰는 것을 '가위발뛰기'라고 해. 기술이 능숙하게 되면 뛰어올라 몸을 한 바퀴 돌기도 하는데 그것은 '데사리'라고 해.

받지도 못하고, 시집을 가면 아기 낳고 살림하고 시부모님 봉양에 농사일까지 거들어야 해. 태어나서 이름조차 얻지 못한 여자도 있어. 첫째, 둘째 하고 태어난 순서대로 불리기도 했지.

> 뒤쪽에 아기를 업고 있는 여자는
> 이름이 있긴 한데 차라리 없는 것만 못했다.
> 이름이 'sorry', 즉 '섭섭이'였다. 집안의 다섯째로 태어난 딸이다.

널뛰는 여자아이의 이름은 막딸이었는지도 몰라. 딸 그만 낳으라고. 그때까지만 해도 여자들이 좀 억울했던 시절이야. 널 위에서 하늘로 마음껏 솟구쳐 오르다 보면 그런 억울함이 조금은 풀렸을까?

설날 나들이

정월 초하루인 설은 예나 지금이나 우리 민족 최대의 명절이야. 이날은 누구나 가장 좋은 옷으로 갈아입고 어른들께 세배를 드리지. 쑥쑥 크는 아이들은 명절 때 설빔이라 해서 새 옷을 얻어 입어.

이 그림에서는 엄마와 설빔을 입은 남매가 광화문 앞을 지나고 있어. 멀리 뒤에 보이는 산에는 눈이 쌓이고 셋 다 따뜻한 남바위를 쓰고 있네. 어머니가 한 땀 한 땀 바느질해서 만들었을 거야.

여자아이는 실을 묶어 풍선을 매단 막대를 들고 있고 남자아이는 짧은 빨대를 불어 풍선을 키우고 있어. 양 볼에 잔뜩 바람이 들어 볼록한 것 좀 봐.

해태 석상 앞에는 물건을 늘어놓은 장수도 있어. 모처럼 고운 옷에 나들이까지 한 아이들은 좋아하는 걸 사게 되어서 더 신이 난 모양이야. 한 아이가 바람개비를 들고 "이것 봐, 야!" 하고 소리를 막 지르는 것 같은데? 풍선이나 바람개비는 지금도 그렇지만 그때 아이들에게도 인기였나 봐.

늠름하게 이쪽을 향해 있는 해태 좀 볼래? 해태는 상상의 동물인데 사람의 옳고 그름을 가릴 수 있는 신기한 재주가 있어서 궁궐 지킴이로 선택되었대. 뒤에 보이는 건물은 광화문이야. 임금을 비롯해 경복궁에 드나드는 뭇 관리들이 옷차림을 여미고 마음을 경건하게 가다듬는 곳에 둔 거야. 흥선 대원군 때에 만들어졌지.

정월 초하루 나들이
New Year's Shopping,
1921, 채색 목판화

그림에 보이는 해태는 광화문과 한참 떨어져 있잖아. 그런데 역사가 어지러웠던 일본 식민지 때에 해태도 수난을 겪으면서 지금처럼 광화문 코앞으로 옮겨졌어. 1926년 일본이 경복궁 일부를 헐어내고 총독부 건물을 지을 때에 한쪽으로 치웠다가 총독부 건물이 완성되자 그 앞으로 옮긴 거야.

그러니까 이 그림은 광화문과 해태의 본디 모습을 기록한 소중한 자료가 되겠지?

고운 새색시

새색시 Korean Bride,
1938, 채색 동판화

정말 아름다운 새색시구나. 색동 소매가 치마폭처럼 넓은 겉옷을 원삼이라고 해. 우아하고 아름답지? 여러 가지 구슬로 꾸민 화려한 족두리, 도투락댕기를 길게 달아 풍성한 뒷머리 장식도 새색시를 더욱 돋보이게 해.

도투락댕기 '큰댕기'라고도 해. 혼례를 치를 때 신부는 쪽을 찐 머리 뒤에 폭이 넓은 도투락댕기를 길게 늘여 달았어.

신부 예복과 치장은 일생에 한 번밖에 쓰지 않는데다가 돈이 많이 들기 때문에 마을에서 공동으로 마련해 놓고 함께 사용하는 경우가 많았어. 어렸을 때

60 | 영국 화가 엘리자베스 키스 그림에서 우리 문화 찾기

시골 할머니 집 다락방에 신랑 신부 예복이 있었어. 마을에서 공동으로 쓰는 것이었지. 소꿉친구들과 몰래 꺼내 입고 결혼 놀이를 하다가 족두리에 달린 구슬이 떨어지는 바람에 그걸 붙이느라 혼이 난 생각이 나는구나.

고운 비단신이 방 안에 있네. 신부 옷에 흙이 묻으면 안 되니까 방에다 두는 거야. 신부는 저 신을 신고 방에서 초례청까지 깔아둔 하얀 천을 밟고 가거나 누군가에게 업혀 나갔어.

얌전하게 눈을 내리깔고 있는 신부는 지금 무슨 생각을 하고 있을까? 신랑과 알콩달콩 행복하게 잘살 꿈에 부풀었을까? 고추보다 맵다는 시집살이 걱정을 애써 떨치며 좋은 며느리, 훌륭한 아내가 되리라 마음을 다잡고 있을까? 자기가 떠난 뒤에도 부디 친정 부모님이 잘 지내기를 빌고도 있을 거야.

이 고운 신부가 착한 신랑과 사이좋게 살림 이루고, 아들딸 잘 기르며 살았으면 좋겠어.

원삼

원삼은 고려 때부터 궁중 여인들이 예복으로 입었는데, 세월이 흐르면서 녹색 원삼이 서민들의 혼례에 허용되었지. 민간에서는 왕실과 달리 소매에 붉은색, 파란색, 노란색, 분홍색, 검정색의 오색 색동을 넓게 대고 한삼을 덧붙였어. 한삼은 손을 가리기 위해 옷소매 끝에 흰 헝겊으로 넓고 길게 덧대는 소매야.

결혼잔치

시골 결혼 잔치 Country Wedding Feast, 1921, 채색 목판화

결혼 잔칫날 풍경이야. 혼례는 주로 신부 집에서 치러. 하얀 천으로 차양을 쳐 놓은 아래에서 여러 사람들이 바쁘게 움직이고 있구나. 시끌벅적한 소리가 들리는 것 같지 않아?

잔칫상이 풍성하게 차려져 있어. 남녀 두 사람이 상을 보살피고 있는데 빨간 저고리를 입은 아이가 호기심에 슬쩍 손을 내밀고 있네. 저러다 혼날라. 또 한 아이는 상 앞에 쪼그리고 앉아 높이 괴어 놓은 떡을 탐내고 있어. 쯧쯧, 혼례 끝날 때까지 기다리려면 속이 타겠구나.

앞쪽에 큰 함지를 끌어안고 서 있는 소녀 좀 봐. 길게 땋은 머리에 빨간 댕기를 묶은 뒷모습이 야무져 보이네. 곱게 단장한 신부에게 넋이 나가서 심부름하던 중인 것도 깜빡한 것 같아. 이웃 언니가 시집가는 게 어지간히 부러운가 봐.

한 부인이 그러잖아도 곱기만 한

새색시 치장을 다시 다듬어 주고 있어. 조금이라도 더 예쁘게 해 주고 싶겠지. 비녀를 만져 주면서 새색시에게 긴장하지 말라고 소곤대고 있을 거야.

흰 두루마기를 말끔하게 차려입은 할아버지가 뒷짐을 지고 새색시를 들여다보고 있어. 큰일 치르는 손녀딸이 힘들까 하고. 아니, 그보다 시집가서 고생하지 말아야 할 텐데 하는 걱정을 하고 있을지도 몰라. 그 옆에 알록달록한 모자를 쓴 소년은 장난감 나팔 같은 걸 볼이 볼록하도록 불고 있네. 잔칫날이라 음식도 많고 사람들이 북적대니 마냥 즐거울 거야.

화려한 병풍도 펼쳐져 있어. 한 소녀가 병풍 뒤에서 그림을 내려다보네. 이 소녀는 새색시보다는 화려한 꽃이 그려진 아름다운 병풍에 더 관심이 많은가 봐. 그 옆에는 아예 팔짱을 끼고 서서 신부를 구경하는 아주머니도 있어. '나도 예전에는 저렇게 고왔는데……' 하는 표정이야.

그림 왼쪽에 보면 아주머니들이 함지를 들고 정신없이 왔다 갔다 하고 소녀들도 뭔가를 들고 이고 부지런히 움직이고 있지? 그런데 빨간 두루마기를 입은 한 아이가 시무룩한 표정으로 기둥에 붙어서 있네. 혹시 누나가 시집가는 걸 서운해 하는 남동생이 아닐까? '꼭 누나한테 장가가고 싶었는데……' 하면서 속상해 하는 것 같아.

예식이 끝나면 손님들에게 음식을 대접하는데 다들 마음껏 먹고 마시며 신랑 신부의 행복을 빌어줘. 여러 가지 음식을 준비하지만 국수가 빠지지 않지. 인연이 길게 가기를 바라는 뜻이야. 그래서 요즘도 언제 결혼하느냐는 말을 '언제 국수 먹여 줄 거야?' 라고 하잖아.

신랑은 따라온 친구들과 신부 쪽 처남들 사이에서 먹고 마시며 노는데 신부

는 밤이 될 때까지 원삼 입고 족두리 쓴 차림새로 가만히 앉아 있어야 해. 그 대신 신랑은 신부를 훔쳐 가는 도둑이라는 죄목으로 신부의 친척들에게 발바닥을 두들겨 맞는 풍습이 있는데 이는 놀이이자 신부 많이 아껴 주라는 가벼운 협박이기도 해.

▌전통 혼례 절차

혼례식은 3단계로 진행되는데 첫 단계인 전안례는 신랑이 신부 집에 도착하면 먼저 장모에게 기러기를 선사해 신부에게 전하게 해. 오직 한 사람에게 충실하겠다는 뜻이지. 다음은 신랑과 신부가 절을 주고받는 교배례야. 서로 존중하며 백년해로하자고 약속하는 예식이고. 마지막은 신랑과 신부가 술잔을 주고받는 합근례야. 혼례상을 사이에 두고 신랑과 신부가 마주 앉아서 한 술잔을 나눠 마시지. 이걸 합환주라고 하는데 신랑 신부의 화합을 뜻하는 거야.

결혼식에 온 손님

　결혼식에 참석하기 위해 온 사람이야. 그때 여인들이 외출할 때 입는 겨울 옷차림새를 한눈에 알 수가 있어. 물론 제법 잘사는 집의 옷차림새지.

　우선 털을 붙여 두툼하게 만든 남바위를 써서 뒷목은 물론, 귀 아래로 턱까지 감싸니 어지간한 추위에도 끄떡없겠지? 남바위 위에는 구슬로 두르고 술을 달아 멋을 내었어.

　옥색 두루마기 안에도 털이 달려 있지? 소매 모양을 전통 두루마기와 약간 다르게 고친 듯하구나. 손목에도 털토시를 둘렀어. 단순하면서도 따뜻하고 품위가 있는 옷이야. 편안하게 앉아 있는 부인의 표정도 온화하고 기품이 있지?

　벽에 호랑이 그림이 붙어 있네. 푸른 소나무 아래 꼬리를 곧추세우고 서 있는 호랑이인데 머리가 가려져 안 보이는구나. 호랑이는 민화의 단골 소재야. 집에 두면 나쁜 일을 물리치고 행운을 가져다준다고 믿었거든.

결혼식에 온 손님 Wedding Guest, 1919, 채색 목판화

가마 타고
시댁으로 가는
새색시

신부 행차 Marriage Procession,
1921, 채색 목판화

마음에 남는 풍속들 | 69

신부가 신랑을 따라 시댁으로 가는 행차가 다리를 건너고 있어. 신랑과 신부는 신부집에서 혼례를 치르고 며칠 머물다가 신랑 집으로 가는데 이때 신랑은 조랑말을 타거나 걷고 신부는 꽃가마를 타고 가. 빨간색 초록색으로 곱게 꾸민 가마 위를 봐. 호랑이 한 마리가 넓적 누워 있는 것 같지 않아? 맞아. 신부를 보호하고 액을 막는다고 호랑이 가죽으로 가마를 덮어. 사실은 호랑이 가죽이 비싸고 귀해서 호랑이를 그린 천으로 덮는 경우가 더 많아.

앞뒤로 청사초롱을 든 사람이 있고 기러기를 든 사람이 신부를 신랑 집으로 인도하고 있어. 커다란 양산을 든 사람이 앞장을 섰는데 그 아래 말 탄 신랑이 안 보이네. 활짝 열린 대문 앞에 여럿이 마중 나와 있는 집이 신랑 집인가 본데 신랑이 벌써 들어갔나 봐. 여기저기 골목에서 사람들이 구경을 나와 있으니 새신랑이 부끄러워 얼른 집안으로 뛰어들 만도 하지.

가마 뒤에는 상객이라 해서 신부 쪽 사람 몇이 뒤따라가고 있어. 사돈댁에 인사도 해야겠지만 신부가 혼자 덜렁 낯선 시댁에 도착하면 얼마나 두렵겠어?

행렬 뒤로 동네 아이들이 신이 나서 따라가고, 개천에서 빨래하던 아낙도 방망이질하다가 꽃가마 행렬을 구경하고 있네. 왼쪽 끝에 한 여자가 길에다 물을 버리고 있어. 물 버리러 나왔다가 가마 구경에 정신이 팔려 있다가 이제야 버리나 봐.

큰길가에 다닥다닥 붙은 집 뒤로 동대문이 보이지? 그러면 가마가 건너는 다리는 청계천의 어느 다리일 거야.

가마 안의 새색시는 마음이 조마조마할 거야. 훌쩍훌쩍 울면 연지 곤지가 지

워질까 봐 수건으로 눈을 꼭꼭 누르며 참았을걸. 집과 가족을 떠나 낯선 시댁으로 가서 앞으로 시댁 어른들 받들며 시집살이할 일이 아득하겠지. 하지만 첫날밤에 두 손을 잡으며 아무 걱정 말라던 신랑의 듬직한 얼굴을 생각하며 마음을 다독였을 거야.

이제 곧 도착하면 일가친척이 다 모인 가운데 시댁 어른들에게 큰절을 하고 예물을 올리는 폐백을 드리게 돼. 그걸 생각하면 신부는 다시 가슴이 떨릴 거야. 다들 신부만 뚫어지게 보고 있을 거니까. 새색시가 얼마나 조신한지 손놀림, 걸음걸이까지 다 살필 거니까. 친정어머니가 일러 준 말들을 하나하나 되새기며 가슴에 손을 얹는, 가마 속 신부가 훤히 보이는 것 같아.

어느 여름날 대청마루

꽤나 잘사는 집안의 풍경이야. 기둥이며 서까래가 튼실하고 반듯한 게 아주 잘 지은 것 같고 방 안으로 보이는 병풍이며 세간살이가 꽤 윤택해 보이잖아. 넓은 대청마루에 멋진 이층장이 있어. 오른쪽 끝에 보이는 건 쌀뒤주야. 뒤주는 그 집 식구들의 양식을 넣어 두는 것이라 각별한 의미를 담고 있어. 쌀뒤주에 쌀이 떨어진다는 것은 가난을 뜻하는 것이니 늘 채워 두려 애썼지.

문 위에는 그림도 걸려 있고 기둥마다 글을 써서 붙여 놓았네. 방문 창호지를 봐. 여러 가지 그림을 넣었지? 해마다 창호지를 새로 바를 때 멋도 낼 겸 악귀를 쫓는다고 개나 호랑이 그림을 넣었어. 시간이 지나 창호지가 낡으면서 아름답고 부드러운 멋이 난단다. 더러는 꽃잎으로 무늬를 만들어 넣기도 해.

아저씨가 대청마루에서 밥을 먹고 있네. 여름이라 그런가 봐. 예전에는 남자 어른이 혼자 밥상을 받고 아이들과 여자들은 따로 상을 차려서 먹었지. 머리를 짧게 깎았구나.

처녀 아이가 아기를 어르고 있네. 일하다가 아기가 울어서 급히 달려 왔나 봐. 댓돌 아래에 나막신 하나가 떨어져 있잖아. 머리를 올리지 않고 땋은 것을 보니 아기 엄마는 아니야. 엄마는 부엌에서 큰솥에 식구들이 먹을 국을 끓이고 있어.

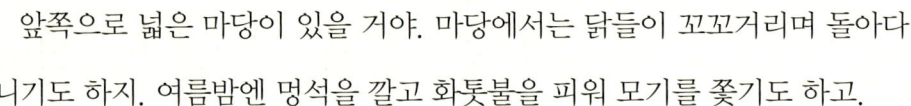

앞쪽으로 넓은 마당이 있을 거야. 마당에서는 닭들이 꼬꼬거리며 돌아다니기도 하지. 여름밤엔 멍석을 깔고 화톳불을 피워 모기를 쫓기도 하고.

한옥 내부 Korean Domestic Interior, 수채화

뒤주

요즘은 뒤주를 보기가 어렵지만, 옛날에는 어느 집에나 있었어. 쌀, 콩, 팥 따위 밥을 만들 곡식을 담아 두는 중요한 살림살이야. 뚜껑은 위로 젖혀 열 수 있어서 거기로 곡식을 넣고 꺼내고 해. 무쇠나 놋으로 만든 물고기 모양의 자물쇠를 채워 놓고 열쇠는 집안의 안주인이 관리했단다. 쌀뒤주는 보통 쌀 한두 가마가 들어가는 크기였어.

골목길 풍경

　골목에 새댁이 아이를 업고 나왔네. 빨간 고름이 달린 연두색 저고리에 하얀 치마는 땅에 닿지 않도록 허리 부분을 끈으로 질끈 동여맸어. 등에 업힌 아이는 엄마에게 칭얼댔을 거야. 그러니 제법 큰 아이인데도 업고 나왔지. 얼굴을 보니 아픈가 봐.

　치맛자락을 올려 잡은 아주머니가 뭐라고 하네. 아이 버릇 나빠진다고 업어 주지 말라는 걸까? 엄마는 '어리광 좀 받아 주면 어때서요?' 하며 눙쳤을 거야. 아이는 엄마 등에 얌전히 얼굴을 묻고 있어. 속으로는 업힌 게 좋아서 방긋방긋 웃었을 걸. 업혔어도 예쁜 꽃신은 잊지 않고 신었네.

　초가지붕에도 돌담에도 짚을 엮어 얹었어. 돌담 위에 빨래통 같은 걸 엎어 놓았네. 오른쪽에는 줄을 매서 빨래도 널어놓았어. 날씨가 화창해서 잘 마르겠다. 오른쪽 아래에는 하수구 같은 것도 있고. 골목이란 예나 지금이나 사람 사는 모습이 잘 드러나는 곳이야.

　집 안은 어떤 모습일지 궁금하지 않니?

집 안을 들여다보니 마당은 깨끗이 정돈되어 있었고
김칫독이 아주 예쁘게 줄지어 늘어서 있었다.
시간이 없어서 그 집의 아름다운 안마당을 그리지 못한 것이 아쉽다.

어느 골목길 풍경 Contrasts, 수채화

모자란 모자는 다 있습니다

가게 이름이 '동(東)'자로 시작하는 모자 가게야. 왼쪽 기와지붕에 간판 끄트머리가 보이지?

모자 가게 The Hat Shop, 수채화

그 아래 흰 천에 글을 잔뜩 써서 붙여 놓았어.

'높은 모자, 둥근 모자, 끈 달린 모자, 세상에 모자란 모자는 다 있습니다.'

이렇게 써 있다는구나. 도무지 못 알아보겠지? 첫 줄은 한자인 것 같고, 둘째 줄은 우리글인 것 같은데 말이야. 화가가 한자도 우리글도 잘 못 쓰는 영국 사람이라 바람에 날리는 천을 보고 글자를 '쓴' 게 아니라 '그린' 거라서 그래.

가게는 작지만 참 아담하고 정돈이 잘되어 있네. 가게 안 가장 위에 가지런히 얹어 놓은 것은 갓이고, 그다음에 있는 것은 탕건이야. 가게 앞에 있는 노란색 물건과 왼쪽 벽에 걸려 있는 알록달록 무늬를 넣은 삼각뿔 모양의 물건은 모자를 보관하는 상자야. 남자들은 모자 없이 상투가 보이도록 해서는 외출하지 않아. 신분과 격식에 맞는 모자를 갖춰 쓰는 게 예의였어.

오른쪽에 앉은 사람이 주인 같은데 덩치가 아주 크구나. 손님도 가게 방에 올라 앉아 주인과 같이 담뱃대를 물고 있는 걸 보니 모자 사러 나왔다가 이런 저런 세상 돌아가는 이야기도 나누나 봐. 이런 가게들이 모인 시장이란 데는 여러 가지 소식을 많이 얻어들을 수 있는 곳이잖아.

모자 가게 옆에는 아주 조그만 책 가게가 붙어 있어. 잡지가 죽 진열되어 있네. 빨간 저고리에 하얀 바지를 입은 아이가 옆구리에 보따리를 끼고 서서 열심히 구경하고 있어. 새로 깎은 듯한 나막신을 신고 있네. 저걸 신고 뛰지는 못하겠지? 골목길에 다른 아이가 나타났어.

이제 곧 둘이서 "저거 봤어?" "재미있던?" 하면서 책 이야기를 나눌 것 같지 않아?

탕건 갓 안에 받쳐 쓰던 모자야. 집 안에서는 갓을 벗고 탕건만 쓰지. 말의 갈기 털이나 꼬리 털인 말총으로 만들어.

돗자리 가게

요즘 조선 상점들은 별 재미가 없다. 거의 모든 상점들을 일본 사람들이 차지하고 대부분 도시 중심가에 현대식으로 꾸며 놓았기 때문이다. 다만 세 가지 상점은 한국식 그대로 남아 있는데, 모자 가게와 돗자리 가게, 놋그릇 가게다.

기와를 단정하게 얹은 돗자리 가게야. 종류별로 정리가 잘되어 있네. 주인이 부지런하고 야무진가 봐. 가게 앞쪽에 둘둘 말아서 세워 놓은 게 돗자리야. 둥글 납작하게 엮은 소쿠리도 많네. 그림 왼쪽에 깊게 짜서 만든 소쿠리도 쌓여 있어. 앞쪽 중앙에는 곡식을 까부는 데 쓰는 키도 있고, 오른쪽 앞에 둥글게 깎은 나무 함지는 빨랫감을 담는 데 썼어.

가게 안에서 주인들이 이야기를 나누고 있네. 담뱃대를 물고 느긋하게 손님을 기다리고 있나 봐. 가게 앞으로 아기 업은 여인이 빨랫감을 이고 지나가는 구나. 저 여인은 아마 개울 한쪽에 아기를 물장난하게 놔두고 빨래를 하겠지. 오른쪽에는 장옷을 둘러 쓴 여인이 어딘가로 바삐 가고 있고, 가게 옆에는 한 남자가 널어 말리던 곡식을 거두고 있어. 해가 움직여서 그늘이 졌잖아. 오가는 사람이 많은 길목이라 이 돗자리 가게는 장사가 잘되겠다.

소쿠리 대나무나 싸리를 엮어서 만든 둥근 그릇이야. 채소를 널어서 말리거나 배추, 고추 등을 담았어.

키 곡식을 넣고 까불러서 알곡과 쭉정이를 분리하는 데 썼어.

나무 함지 통나무 속을 파내서 큰 바가지처럼 만든 그릇이야.

돗자리 가게 The Mat Shop, 수채화

▌돗자리

돗자리는 다양하게 쓰는 물건이야. 여름엔 장판 위에 깔아서 시원하게 하고 잔치나 제사 때는 격식을 갖추게 했어. 돗자리는 대나무 등으로 엮는데 색깔을 넣어 여러 가지 무늬를 넣기도 해. 고운 왕골로 멋을 내서 짠 돗자리는 지금도 귀한 대접을 받아.

짚으로 두껍고 넓게 짠 멍석이란 것도 있는데 잔칫날 마당에 여러 장을 깔면 아무리 많은 손님이 와도 너끈히 잔치를 치러낼 수 있지. 가을에는 곡식이나 고추를 말릴 때 요긴하게 쓰고.

나막신 만드는 사람들

신발 만드는 사람들 Shoes and Shoemakers, 스케치

아저씨 셋이서 나막신을 만들고 있어. 오른쪽 안쪽에 있는 사람이 우선 나무 토막을 적당한 크기로 대충 깎아 내면 왼쪽 사람이 신의 모양을 만들고 마지막으로 오른쪽 앞에 있는 사람이 섬세하게 마무리를 하는 식이야. 나이가 많아 보이는 마지막 사람이 최고의 기술자겠지? 왼쪽 선반 위에는 다 만든 나막신 하나가 예쁘게 얹혀 있구나. 작업장 너머 빨랫줄에는 가죽이 척 걸쳐져 있네. 잘 손질해 갖신을 만들 재료야. 갖신은 가죽으로 만든 신이야.

그런데 재미있는 게 있어. 두 사람이 담뱃대를 입에 물고 있지? 천장에 줄을 매달아서 끝을 그네처럼 해 놓고는 거기다가 담뱃대를 척 걸쳐 놓았잖아. 담배는 피우고 싶고 일손은 놓을 수 없고 하니 궁리 끝에 저런 꾀를 냈나 봐.

한국 사람처럼 키는 크면서도 발이 예쁘게 작은 사람도 없을 것이다.

곱게 바느질한 버선으로 단정하게 발을 감싼데다 솜씨 좋게 만든 신을 신어서 발이 예뻐 보였을 거야.

1920년쯤에는 질긴 고무신이 들어와서 인기를 누렸지. 처음엔 아이나 어른이나 고무신을 신어 보는 게 소원이기도 했지. 고무신은 말랑말랑해서 발도 편하고 물이 들지 않아서 맑은 날이나 비 오는 날이나 다 신기 좋았거든. 아이들은 개울가에서 가재나 물고기 잡을 때 고무신을 벗어 들고 요긴하게 쓰기도 했어. 그러다가 신발 한 짝이 둥둥 떠내려가면 혼비백산해 붙잡으러 가고.

조선 시대의 신발

조선 사람들이 신던 신은 재료나 모양, 장식, 쓰임새에 따라 아주 다양했어. 부츠처럼 목이 긴 신발은 '화'라고 하고 발등을 덮지 않는 신발은 '혜'라고 했지. 화는 주로 관복 입을 때나 사냥을 할 때, 또 겨울에 따뜻하라고 신었고, 혜는 흔히 신던 신발이야.

여자들은 대부분 '혜'를 신었어. 가죽에 비단을 두른 당혜, 곱게 수놓은 비단으로 만든 꽃신, 삼이나 모시·종이를 노끈처럼 꼬아서 만든 미투리, 짚으로 엮은 짚신, 나무를 파서 만든 나막신 등 여러 가지 신발을 신분이나 계절, 날씨에 따라 신었어. 대부분 버선처럼 앞코를 뾰족하게 올려서 만들었지.

▌화

▌당혜

국수를 파는 주막

주막 The Eating House, 수채화

작은 주막이구나. 사람들에게 국밥과 국수, 술을 파는 곳이지. 좀 어둑하지만 사람들 동작이 잘 살아 있는 그림이야. 선반에는 갖은 양념들을 담은 항아리와 그릇들이 얹혀 있어. 그림 왼쪽의 창문 안으로 부엌에서 열심히 음식 만드는 남자도 보여.

머릿수건을 쓴 여인이 마루에 앉아 음식을 먹고 있어. 안경 낀 남자가 젓가락질을 하고 있고 바닥에도 한 남자가 앉아서 그릇을 들고 마시고 있어. 자, 뭘 먹나 맞혀 볼까? 첫째, 다들 넓적한 그릇을 손에 들고 있고, 둘째, 젓가락을 쓰고 있고, 셋째, 그릇째 마시고도 있어. 알 것 같지? 그렇지. 국수야. 진하게 우려낸 장국에 부추를 듬뿍 얹어 말아 낸 국수. 배고프던 차에 다들 후루룩 맛있게 먹었겠다.

앞에 선 남자는 벌써 다 먹고 기분 좋게 담배를 피우고 있어. 멀리까지 와서 흥정한 일이 아주 잘되었거나, 아니면 주막의 국수 맛이 대단히 좋았거나 어쨌든 흡족한 표정이야.

그런데 들고 있는 그릇도 그렇고, 선반에 엎어 놓은 그릇도 그렇고, 모두 노랗게 반짝거리고 있지? **놋그릇**이야. 지금은 엄청 비싸지만 예전에는 가난한 집에서도 다 쓰던 거야. 1943년쯤 해서는 전쟁 중이던 일본이 군수 물자로 쓴다고 다 빼앗아 가버렸어. 놋그릇은 물론 숟가락, 젓가락, 가마솥까지 쇠로 된 것은 다 무기 만드는 데에 쓴다고 가져갔어. 조상 제사에 쓸 그릇은 남겨야 한다며 집집마다 그릇을 땅에 파묻기도 했어. 참 어이없는 일이었지.

놋그릇 놋쇠로 만든 그릇이야. '유기'라고도 불러. 놋쇠는 구리와 아연을 섞어 만들어 녹이 슬지 않아.

비나이다 비나이다

　　누가 춤을 추고 있네? 넓게 퍼진 치마에 겉옷을 입고 술 달린 모자를 쓰고 길고 하얀 천을 들고 있어. 왼손에는 방울을, 오른손에는 부채를 잡고 있는 걸 보니, 무당이구나!

　　왼발을 힘껏 차올리며 춤에 열중해 있어. 폴짝폴짝하는 발소리며 딸랑딸랑하는 방울 소리가 들릴 것 같아. 꽤 넓은 방에 장구 치는 여인, 자바라를 치는 소년, 피리 부는 남자까지 있는 걸 보니 큰 굿판이 벌어진 모양이야.

　　그림 오른쪽에 수건으로 눈물을 닦고 있는 부인과 소녀가 보이지? 서럽게 울고 있구나. 죽은 사람의 원혼을 달래는 굿인 것 같아. 어쩌면 독립운동하다가 죽은 남편의 혼을 달래고 있는지도 모르겠어. 삼일 운동 뒤에도 여기저기서 만세 운동이 끊이지 않았던 때라 감옥이 넘치도록 사람들이 잡혀갔고 고문을 받다가 죽은 사람도 많았거든.

　　앞쪽 장구 옆에 한 부인이 울고 있는 여인과 소녀를 보고 있는데 여간 안타까운 눈길이 아니야. 한 손에 아기를 안고 다른 손으로는 입을 막고 울음을 참고 있어. 무당 앞에 앉은 여인의 친정어머니인지도 모르겠어. 아기도 분위기 때문인지 칭얼거리고 있고.

　　방에 죽 둘러선 사람들도 다들 슬픈 얼굴이야. 노인에 아이까지 있지만 거의 여자들이네. 무당에게 와서 하소연하고 위로받는 건 아무래도 여자들인가 봐.

84 | 영국 화가 엘리자베스 키스 그림에서 우리 문화 찾기

무당 The Sorceress, 수채화

　뒤쪽 부엌에는 머리를 길게 땋아 내린 처녀가 열심히 음식을 만들고 있네. 하얀 김이 무럭무럭 나고 있어. 나중에 손님들에게 밥을 차려줄 건가 봐. 부엌에 난 창으로 멀리 푸른 하늘과 산이 보여. 저 창문으로 서러움과 애통함을 훨훨 날려 보내고 마음이 파란 하늘처럼 밝아지면 좋겠어.

서당에서 공부하는 어린이들

아이들이 옹기종기 모여앉아 있어. 보아하니 글을 배우는 서당이야. 망건을 쓴 훈장님은 긴 담뱃대를 문 채 점잖게 앉아 있고, 한 아이가 대신 회초리를 들고 아이들을 야단치고 있네. 요샛말로 반장인가 봐.

따닥따닥 붙어 앉은 아이들이 큰소리로 뭔가를 외고 있는데 어째 울상이야. 어제 배운 거를 외는데 잘 안 되는 모양이야. 펼쳐 놓은 책에 한자가 적힌 걸 보니 그럴 만도 해.

마루가 비좁아서 마당에 돗자리를 깔고 앉은 아이들도 다섯이나 되는구나. 한쪽에 신발을 소복이 벗어 놓았네. 맨 앞의 빨간 저고리 입은 아이는 옆으로 앉아서도 책에서 눈을 떼지 않고 있어. 허름한 서당이지만 배우겠다는 열정은 대단해. 저 아이들 중에서 나중에 틀림없이 대단한 학자가 나왔을 거야.

아이들이 잘못 읽으면, 뺨이 빨갛고 명랑하게 생긴 여자가
마당 오른쪽에서 갑자기 문을 열고 튀어나와 읽기를 바로잡아 주었다.

읽기를 바로잡아 준 여자는 훈장님 딸일 거야. 여자들은 따로 서당이나 학교에 보내지 않았어. 하지만 서당에서 살다 보니 듣고 배운 게 있어서 아이들이 틀리는 걸 방 안에서 그냥 듣고 있을 수가 없었나 봐.

서당 풍경 The School-Old Style, 수채화

아이들이 목이 말랐나 보았다.

훈장이 "여보, 여보." 하고 불렀다. 부인이 마당으로 나오더니 마당에 묻어 둔 물독의 물을 바가지로 퍼서 아이들에게 먹여 주었다.

겨울에는 땅에 김장독을 묻는데, 여름에는 물독을 묻었구나. 여름에 물독을 땅에 묻어 두면 아쉬운 대로 냉장고 구실을 하지 않았을까?

반장에, 딸에, 부인까지 거들어 주니 이래저래 훈장님은 편했겠다.

마음에 남는 풍속들 | 87

칼을 차고 있는 교사

꽃나무가 화사하게 피어 있는 아름다운 절이구나. 마당에 아이들이 줄지어 모여 있네. 건물 안쪽으로도 사람들이 많이 보이고……. 뭘 하는 걸까? 잘 보면 건물 축대 위로 제복을 입고 긴 칼을 찬 사람 하나가 떡하니 서 있지? 주위 풍경과는 좀 어울리지 않게 말이야.

여기는 학교야. 무슨 학교가 절에 있냐고? 일본은 식민지 교육을 강행하기 위해 학교를 부지런히 지었는데도 건물이 많이 부족했어. 그래서 절을 고쳐서 임시로 학교로 썼지.

칼을 찬 교사가 아이들을 모아 놓고 긴 연설을 하는 모양이야. 선생님이 칼을 차고 있으니 아이들은 참 무서웠을 거야. 덩치 큰 아이들은 서당에 다닌 적이 있을 텐데 푸근한 집 같은 서당을 그리워했을지도 몰라.

그때는 서양 선교사들도 학교를 많이 세웠어. 조선 사람 중에도 뜻있는 사람들이 재산을 털어 오산학교, 대성학교 등 학교를 많이 지었지. 조선을 근대화하려면 교육이 무엇보다 급하다고 생각했거든. 말 그대로 배우는 게 힘이 되는 때였어. 시골에는 학교를 지을 수가 없어서 방학이면 대학생들이 가서 마을마다 아이들을 모아 놓고 한글 등 여러 가지를 가르치기도 했어.

일본이 운영하는 소학교에서는 조선 사람들을 일본 사람으로 만들려 했지. 특히 1940년쯤부터는 우리말과 우리글까지 못 쓰게 했어. 조선 사람들은 몰래

신식 학교와 구식 학교 Schools Old and New, 수채화

가르치거나 배우다가 혼나기도 하고. 하마터면 우리말과 우리글이 없어질 뻔했지. 지금은 마음껏 쓸 수 있으니 얼마나 좋아? 얼마 전 영어도 우리나라의 국어로 삼자는 의견이 나온 적이 있는데, 예전에 우리말과 우리글을 쓰지 못하게 하며 몽둥이를 들고 눈을 부라리던 일본인 교사들이 본다면 킥킥 웃을 것 같아.

3

아름다운 사람들

명성 황후 집안의 딸

명성 황후 암살 사건을 들어봤니? 을미사변이라고도 하는데, 1895년 10월 8일 밤, 미우라 고로를 중심으로 하는 일본 사람들이 조선 왕궁을 습격해 명성 황후를 죽이고 시신을 불태운 어이없는 사건이야.

일본은 국제 여론을 무마하기 위해 미우라 고로 등 47명을 잡아들였으나, 증거가 충분하지 않다며 모두 풀어 주었어. 이 사건은 일본이 저지른 무례하고 오만한 범죄였고, 조선에는 더없는 치욕이었어.

자, 그림을 볼까? 언뜻 보아도 지체 높은 집안의 딸 같지? 특별히 화려한 치장은 하지 않았지만 병풍 앞에 조용히 서 있는 모습이 그래.

이 소녀는 민씨 집안의 딸이야. 일본 자객에게 암살당한 명성 황후의 친척이지.

큰아버지는 일본에 주권을 빼앗긴 것을 분하게 여기고 자살했던 민영환이고, 아버지는 1900년에 열린 만국박람회에 조선에서 처음으로 프랑스 외교 사절로 파견되었던 민영찬이야. 민영찬은 여러 가지 외교 업적으로 훈장까지 받았지만 나중에는 친일을 해서 국민에게 비난을 사기도 했어. 명성 황후가 도와서 미국 유학까지 하여 얻은 높은 지식과 경험을 조선의 독립과 발전을 위해 쓰지 못했던 것은 안타까운 일이야.

민씨 집안 규수 A Daughter of the House of Min, 1938, 채색 동판화

궁중 옷차림을 한 여인

한눈에도 아주 고급스런 옷차림이지? 뒤에는 용이 솟구치는 모습을 그린 병풍을 두르고 발아래에 두툼한 비단 이불이 깔려 있어. 엘리자베스 키스는 그림 제목에서 이 사람이 공주라고 했는데 실제로는 왕족이나 고위층 부인 같아.

윤기 나는 비단에 공들여 수를 놓은 치마가 화려하고 풍성하구나. 걸으면 사르륵사르륵 비단 스치는 소리가 날 것 같아. 위에 입은 옷은 당의라고 하는데 저고리 위에 입는 겉옷이야. 왕족이나 지위 높은 부인이 대궐에 들어갈 때 입는 옷이지. 보통은 앞으로 길게 내려온 자락 안에 두 손을 얌전히 넣고 다녀. 지금은 밖으로 손을 내놓았는데 왼손에 낀 옥가락지 두 개가 은은하구나.

이 그림도 흑백만 남아 있는데 화가는 글로 이렇게 표현했어.

푸른색 비단에 수를 놓은 치마가 넓고 빳빳하게 펼쳐 있었다.
비단 저고리에는 연두색에 빨간 옷고름이 달려 있었다.
머리에는 금비녀를 꽂고 가슴에는 노란색 호박으로 된
노리개를 달고 있었는데 그 끝에 술이 달려 있었다.

머리에 쓴 족두리는 검은 바탕에 구슬로 장식해 아름답고 기품이 있어. 당의

궁중 옷을 입은 공주
The Princess in Court Dress,
수채화

밑으로 하얀 띠가 보이지? 보통 한복에도 저고리 아래 늘어뜨려 손수건처럼 쓰는 거란다.

나라가 망할 때, 저 하얀 띠로 얼마나 많은 눈물을 찍어 냈을까? 옛 영광을 지닌 아름다운 궁중 옷 안에 슬픈 통곡이 숨어 있을 듯하구나.

왜 나라를 뺏기고 말았을까

　백발이 성성한 두 할아버지가 열띤 토론을 하는 중이야. 담뱃대를 물고 있는 할아버지는 할 말 다 했다는 듯이 입을 꾹 다문 채 앞만 보고 있어. 오른쪽 할아버지는 글이 쓰인 두루마리 종이를 들고 열심히 얘기를 하고 있어. 도대체 뭘 가지고 저러는 거지?

　학자들은 고전을 해석하고 그것을 시대에 적용하는 것에 나름대로 소신이 있었어. 그래서 생각이 다른 학자들 사이에는 늘 토론이 벌어지고 덕분에 학문이 발전하게 돼.

　이 무렵에는 나라를 빼앗긴 터라 선비들이 예부터 소중히 받들던 것들을 지키기가 어려웠어. 상투를 자르라는 단발령만 해도 머리를 자르느니 차라리 죽음을 택하겠다는 사람도 있었지. 세상이 바뀌면서 시대와 맞서는 문제를 두고 토론을 나눴을 거야. 각자의 소신에 따라 사는 길을 달리하기도 했겠지. 더러는 세상을 등지고, 더러는 세상에 저항하고, 더러는 뜻을 굽히고…….

　이 두 학자는 나라를 빼앗긴 원인이 무엇이라고 생각했을까? 나라를 되찾기 위해 백성들이 어떻게 해야 한다고 생각했을까? 학자들은 나라가 어려운 이때에 어떻게 하는 것이 옳다고 생각했을까? 두 할아버지의 토론에는 서로 다른 생각도 오갔겠지만 나라 잃은 울분은 같았을 거야. 참된 지식인은 어려운 시대 상황을 나 몰라라 하지 않았어.

두 명의 학자 Two Scholars, 수채화

스케치를 시작하니 두 노인 학자들은 곧 얘기를 나누면서
내가 있다는 걸 금세 잊어버렸다. 훗날 한국을 다시 찾아왔을 때,
그때도 이런 멋진 사람들이 여전히 남아 있었으면 좋겠다.

한일 병합을 도왔던 할아버지

　높은 벼슬을 지낸 아주 나이 많은 할아버지야. 여든여덟 살 노인, 김윤식을 그린 거야. 격조 있는 병풍을 뒤에 세워 놓고 관복을 갖춰 입은 뒤 두툼한 비단 이불 위에 반듯하게 앉았구나.

　길고 허연 수염, 긴 세월 살아온 노인의 얼굴은 참으로 복잡해. 이 할아버지는 선비의 지조를 지키며 한길을 꿋꿋이 살기만 한 것은 아니었거든.

　격변하는 조선 말기 1835년에 태어난 할아버지는 마흔 살에 과거에 합격해 높은 관직을 두루 거치고 뛰어난 유학자로 문장가로 이름을 날렸어. 하지만 한일 병합을 도운 일로 일본에게서 자작이란 작위를 받았어. 사람들은 친일파라고 비난을 했지.

　하지만 삼일 운동이 일어난 뒤 여기저기서 사람들이 잡혀가고 고문을 당하자, 총독부에 독립 청원서를 보냈어. 거기에 '처신을 잘못해 자작의 작위를 받은 걸 수치스럽게 생각하며 침실에서 대한 독립 만세를 불렀다'고 썼어. 할아버지는 바로 붙잡혔고 2년형을 받았지만 나이가 많고 병이 들어 손자가 대신 감옥살이를 했다고 해.

　이 초상화는 할아버지가 독립 청원서를 내서 붙잡혔다가 풀려난 뒤에 바로 그렸다고 해. 그러니까 가슴 한쪽을 누르던 부끄러움을 어느 정도는 씻어 내린 뒤의 고단한 얼굴이야. 그림을 그리고 나서 한 달 뒤, 할아버지는 죽었어.

자작 김윤식 Viscount Kim Yun Sik, 수채화

옳고 그른 것을 분별하기도 쉽지 않지만 옳다고 여기는 대로 실천하기도 참 어려워. 그래서 우리는 지조 있는 사람, 의로움을 위해 목숨 바치는 사람을 존경하는 거야.

어머니의 부채 바람에 잠든 아기

옥색 한복을 곱게 차려입은 여인이 잠든 아기를 안고 있는 그림이야. 허리를 반듯하게 펴고 품위 있게 앉은 이 여인은 조금 전까지만 해도 아기에게 부채질을 해 주고 있었던 것 같아. 어머니의 선선한 부채 바람에 아기는 사르르 잠이 들었어. 아기를 내려다보는 어머니의 표정이 참 편안해 보이지? 어쩌면 아기를 따라 살짝 졸고 있는 것도 같고. 아기를 무릎에 눕히고 잠재우는 어머니는 얼마나 마음이 흐뭇할까?

그때는 자식을 낳는 일이 여인에게 아주 중요한 일이어서, 대를 이을 아들을 낳은 여인은 한시름 놓게 돼. 반대로 아이를 못 낳거나 낳아도 딸만 계속 낳으면 근심을 했어. 심지어 집안에서 쫓겨나기도 했어. 그래서 여인들은 아들을 낳을 때까지 계속 아이를 가져야 했지. 얼마나 힘들었을까.

그래서 그런가? 아기 치장을 좀 봐. 부유한 집의 귀염받는 아기 같지? 옷이며 꽃버선, 머리 장식이 화려해. 어쩌면 손님이 와서 곱게 차려 입고 선을 보였는지도 모르겠다. 건강하고 귀여운 아기는 언제나 집안 어른들의 자랑이거든.

어머니 등 뒤로 그림이 하나 보이네. 길고 가는 가지가 멋지게 늘어진 수양버들이야. 그런데 그림에 문고리가 달려 있어. 저걸 쏙 잡아당기면 뭐가 나올까? 반짇고리도 있고, 만들다 만 아기 저고리도 있고, 유과 같은 군것질거리도 있네. 아하! 그러니까 이게 벽장이란다.

엄마와 아기
Korean Mother and Child,
1924, 채색 동판화

　옛날 집에는 안방이든 사랑방이든 꼭 저런 벽장이 있었어. 아끼는 물건을 넣어 두는 곳이야. 특히 할머니, 할아버지들은 엿이나 꿀단지 등을 넣어 두었다가 귀여운 손자들이 오면 살짝 꺼내 주곤 했지. 나도 옛날에 할머니가 벽장에서 꺼내 준 왕사탕을 참 좋아했단다.

순이는 당차다

한복을 격식 있게 갖춰 입은 순이라는 처녀야. 아름다운 병풍을 두르고 두툼한 비단 이불을 깐 방, 양반집 안방이나 사랑방의 모습이지.

일본 여자들은 두 다리를 붙이고 무릎을 꿇고 바닥에 앉아
전혀 움직이지 않는다. 반면 한국 여자들은 가부좌로 앉았다가 피로하면
서슴지 않고 다리를 자주 고쳐 앉는다. 다리를 고쳐 앉을 때마다
치마가 불쑥 들렸다가 내려가는 게 재미있다.

이 처녀의 표정은 다소곳하다기보다는 당당하지 않아? 여성들이 신식 교육을 받고 개성과 재능을 펼치기 시작하던 1900년대니 이 정도 당찬 처녀라면 나라 형편에도 눈을 돌렸을지 모르겠다.

사실 조선 여자들은 남자보다 대우는 못 받았지만 집안 살림이나 육아 등을 책임지는 것은 물론 농사일에도 한몫하는 등 아주 강한 사람이었어. 삼일 운동 때는 여학생들도 남자 못지않게 싸웠지. 비밀문서를 전달하고, 〈조선독립신문〉을 배포하고, 지하 조직에 참여하며, 일본에 붙잡혀서 갖은 고문을 당하면서도 뜻을 굽히지 않은 여성들이 얼마나 많았다고. 그림이나 성악, 의학 등의 분야에서 재능을 발휘하는 여성들도 많이 나타났어. 여성을 남자보다 못하게 여기

한복을 차려입은 순이 Gentle in Ceremonial Dress, 1920, 수채화

는 남존여비 사상은 임진왜란 뒤에 생겼대. 불과 삼백여 년 만에 여성들에게는 큰 벽이 되었지. 1900년부터 서양 문물이 들어오면서 조금씩 그 벽이 허물어지기 시작했지.

대한 제국 말기의 내시

내시 The Eunuch, 수채화

서울에서 길을 가다 수염이 하나도 없고 목소리가 여자처럼 높은
이 사람을 두어 번 본 적이 있다.
대한 제국 말기 황제를 섬기던 내시였는데 지금은 사라져 버린 슬픈 유산이다.

두 손을 앞으로 맞잡고 점잖게 서 있는 할아버지를 봐. 주름살을 보면 나이가 들었는데 수염이 없지? 깎은 게 아니고 원래 없는 거야. 내시는 남자이면서 남자의 특징이 없는 사람 중에서 왕의 시중을 들기 위해 뽑힌 사람들이야.

항상 왕 가까이에 있었으므로 왕의 고통은 물론이고 왕족들의 일도 누구보다 잘 아는 사람이지. 그러니 고종 황제가 안간힘을 써서 지키려고 했던 대한 제국의 멸망을 누구보다도 안타까워했을 거야. 모시던 황제가 일본에 모든 권위와 힘을 빼앗기고 허수아비가 되어 버렸으니 그걸 지켜보는 마음이 오죽했을까?

이 초상화를 그릴 즈음에는 조선 왕조가 무너졌기 때문에 옛날처럼 궁중에서 직책을 가지지는 못하고 옛 왕족을 모시고 슬프게 살고 있었을 거야. 그림을 그리는 동안 관복을 반듯하게 차려입고 서서 이 내시는 무슨 생각을 했을까? 지난날 위엄 있던 왕조를 생각하면 얼마나 마음이 아프고 착잡했을까?

내시

고려 시대에 내시는 국왕 바로 곁에서 시종을 드는 문관으로, 과거 급제자나 권문세가의 아들이 맡는 주요 직책이었어. 고려 내시는 성 불구자가 아니었어. 이와 달리 조선 시대에는 내시들이 정치에 참여할 수 없도록 했고 거세한 사람만 될 수 있었어. 본래는 선천적인 성 불구자를 뽑았으나 스스로 거세하고 내시가 되는 경우도 많았어. 가난에서 벗어나는 건 물론, 잘하면 상당한 부와 권력을 얻을 수도 있었거든.

내시 제도는 1896년 갑오개혁 때 없어졌으나 내시들은 여전히 왕 곁에서 시중을 들었고 명성 황후 장례 때는 횃불을 들고 행진을 했다고도 해.

조선의 마지막 군인

이 사람이 입고 있는 옷은 대한 제국 멸망 직전에 군인들이 입던 제복이다.
모델을 서 준 사람은 이 제복을 무척 자랑스럽게 생각했다.
자신이 차고 있던 검에도 커다란 자부심이 있었다.
이 차림새에서 가장 군인답지 않게 보이는 것이 모자다.
모자의 왼쪽에 달린 푸르고 둥근 방울 술은 새털로 만든 것이었고,
모자 장식으로는 공작새의 깃을 달고 있었다. 오른쪽 어깨 뒤로 보이는 것은
화살이고, 모자 주위에 달린 노란색 호박 구슬이 목 아래로 늘어져 있었다.
무인의 신발은 말랑말랑한 것이었으며
파란색 끈을 허리에 매었는데…… 정말 빌어시지 않았다.
이런 옷을 입고 전쟁을 하려 했다니!

조선 군인이야. 나이나 차림새로 보아 지위 높은 지휘관인 것 같아.
정말 전쟁을 하기에는 무리인 복장이지? 전쟁 복장이 아니라 예복으로 보는 게 맞을 거야.
화가는 이 군인이 칼과 옷을 자랑스러워했다고 했는데 군대가 강제로 해산되었기 때문에 더욱 애착이 가서 그랬을 거야. 일본이 1907년에 고종 황제를 내쫓고 군대도 해산시켰거든. 이 자랑스러운 옷을 입고 부하들을 지휘할 수 없었던

무인 The Warrior,
수채화

군인의 심정은 어땠을까? 이 제복 안에 가슴이 찢어지는 원통함을 감추고 있었을 거야.

군대가 없는데 어떻게 나라를 지킬 수 있었겠어? 실제로 3년 뒤인 1910년, 한일 병합의 치욕을 당하며 대한 제국은 무너지고 말았지.

아름다운 사람들 | 107

관리가 되지 못한 청년

이 청년은 궁궐에 들어가기 전
왕에게 올릴 글을 미리 외우는 자세를 취하고 있다.

궁궐에 출근하는 하급 관리의 모습이야. 관복은 발목까지 올 만큼 길고 소매는 넓어. 가슴 앞뒤에는 신분에 따라 학이나 호랑이를 그린 네모난 천인 흉배를 붙이고 넓은 허리띠를 걸쳤어.

관리는 궁궐에 들어가기 전에 잠깐 멈춰 서서 손에 든 뭔가를 보고 있어. 임금께 올릴 글을 다시 보고 있는 거야. 떨려서 말을 제대로 못할까 봐 거듭 외고 있는 모습이야.

사실 이 청년은 관리였던 아버지의 관복을 입고 그림 모델이 되어 준 거야. 일본에 우리나라를 빼앗기지 않았다면 이 청년은 실제로 관리가 되어 아버지처럼 궁궐에 출근하면서 이런저런 일들을 임금에게 보고하느라 바빴을 거야.

왼쪽에 해태상이 보이지? 뒤에 보이는 문은 경복궁의 정문인 광화문이야. 광장에는 가마꾼들이 가마를 내려놓은 채 쉬고 있고, 갓 쓴 사람들이 오가고 있네. 아버지 손을 잡은 아이도 있어.

저 사람들은 이제 황제가 없는 경복궁 앞에서 어떤 마음일까?

궁중 옷을 입은 청년
Young Man in Court Drees,
수채화

▍광화문

1395년에 세워진 광화문은 경복궁의 주요 건물들과 일직선으로 놓여 있었어. 그런데 일본은 1926년 광화문을 동쪽 건춘문 근처로 옮기고 원래 광화문 자리에 조선 총독부를 지었지. 그뿐 아니야. 광화문은 한국 전쟁 때 폭격으로 불에 타는 등 우여곡절을 많이 겪었어. 1968년에 새로 지었고, 요즘에는 원래 자리에 옛 모습대로 만들고 있는 중이야.

홍포를 입은 청년

소매폭이 치마폭만큼이나 넓어 보이는 화려한 관복인 홍포구나. 고위 관리가 특별한 예식 때에 입던 옷이야. 붉은 비단에 수를 놓았고 깃과 소매 끝에는 자주색 넓은 단을 대어 더 고급스러워 보이네. 머리에 쓴 모자는 양관이라고 해. 말총으로 만들어 금색 실로 장식을 했는데 아주 높은 사람이 쓰는 관이야.

허리에 두른 띠는 거북이 등과 가죽으로 만든 건데 꼭 조이는 게 아니고 허리 위로 둥그렇게 두르게 되어 있어. 손에 들고 있는 상아패는 임금 앞에 나아갈 때 보고할 것을 써둔 거야. 코가 넓적하고 뭉툭한 신발도 관복에 맞춰 신었어. 완벽한 차림이야.

소매에 가려 보이지는 않지만 허리춤에는 하얀 옥돌이 들어 있는 주머니를 달고 있어. 패옥이라고 하는데 걸을 때마다 패옥 소리가 낭랑하게 들려서 사람이 지나가는 것을 미리 알 수가 있어. 조선이 번창할 때는 대궐 안에 나랏일을 보는 관리들이 패옥 소리를 내며 부지런히 다녔지. 일본에 나라를 빼앗긴 다음에는 더는 들을 수 없게 된 소리야.

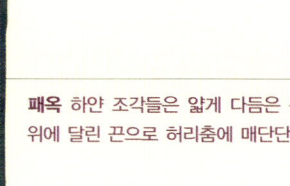

패옥 하얀 조각들은 얇게 다듬은 옥이야. 위에 달린 끈으로 허리춤에 매단단다.

홍포를 입은 청년 Young Man in Red, 수채화

왕실의 제사를 지내는 할아버지

종묘 제례 관리
Korean Nobleman(Nobleman at a Confucian Ceremony), 1938, 채색 동판화

처음 보는 옷차림이지? 보기 드문 차림새야. 국가의 번영을 위해 왕실에서 제사를 지낼 때에 그것을 주관하는 관리가 입는 예복이거든. 겨울인가 봐. 예식 모자 아래에 털 달린 남바위를 쓰고 있잖아. 제례를 맡은 사람답게 표정이 아주 진지해.

제례에는 제사 못지않게 음악이 중요해. 악기를 개발하고 보존하고 악공들을 훈련시키는 일도 아주 큰일이었지. 유교 예법을 중시하는 관리는 자신이 맡은 일이 국가의 위엄에 얼마나 중요한 일인지 잘 아니까 항상 긴장하고 있었을 거야.

서울의 종묘 제례는 베이징의 종묘 제례보다 더 전통에 충실했는데 이 예식보다 더 고풍스러운 행사는 찾아보기 어려울 것이다.
종묘 제례에 쓰는 악기들 가운데 돌로 만든 기이한 악기가 있었다.
나는 이 희귀한 장면을 스케치하려고 애써 보았지만 허사였다.
넋을 빼앗아 가는 장면이 수시로 바뀌어서 무엇을 그릴지 결정할 수가 없었다.
나는 마침내 포기하고 그냥 앉아서 예식을 바라보았다.

화가가 돌로 만든 기이한 악기라고 한 것은 '편경'이야. 화가는 나중에 제례 관리를 어렵게 만나 이 그림을 그렸다고 해.

편경

편경은 큰 틀을 세워 놓고 연주하는 거라 악공들이 따로 소유하거나 가지고 다닐 수 있는 게 아니었어. 고려 때부터 궁중 음악에 쓰던 편경은 경석이라고 하는 돌을 'ㄱ'자 모양으로 깎아서 나무로 만든 큰 틀에다 아래위 여덟 개씩 매달아서 만들어. 쇠뿔로 두드려 맑게 울리는 음을 내는 거지. 경석은 구하기가 어렵고 잘 깨지기 때문에 세종 대왕은 편경을 잘 만들기 위해 애를 많이 썼다고 해. 음의 표준이 되는 중요한 악기였기 때문이야.

아름다운 사람들 | 113

소리의 세계를 만드는 대금 연주자

소박한 모습의 한 남자가 기다란 대금을 불고 있네. 표정 좀 봐. 지그시 눈을 감고 아예 딴 세상에 가 있는 듯 대금에 숨을 불어 넣고 있어. 손가락으로 그 숨을 조심조심 가두었다 풀었다 하며 소리의 세계를 창조하고 있어. 그림을 가만히 보고 있으면 어디서 끊어질 듯 이어지는 바람 소리 같은 게 들릴 듯해.

이 사람은 대금의 명인인 김계선(1891~1944)이라고 추정하고 있어. 궁중 음악가로 제례에 나가 연주를 했는데 이제 나라가 멸망해 제례도 치르지 못하고 일본의 지배를 받고 있으니 그가 창조하는 소리의 세계에는 슬픔이 섞여 있을 것 같아. 실제로 김계선이 부는 독주를 듣고 눈물을 훔친 이가 적지 않았다고 전해져.

이 사람은 연주도 잘하지만 행동도 점잖아서
좋은 가정에서 자란 것 같았다. 한국 사람들은 손이 잘생겼으며,
대금을 부는 사람의 섬세한 손놀림이 정말 보기 좋았다.

대금 대나무로 만든 악기야. 흔히 '젓대' 또는 '저'라고도 하는데 음색의 변화가 다양해 합주에도 빠지지 않지만 독주 악기로도 곧잘 쓴다고 해.

대금 연주자 The Flautist, 1927, 채색 동판화

세상이 바뀌는 걸
무슨 수로 막나

마을이 훤히 내려다보이는 산자락에 한 남자가 서 있어. 뒤로는 우거진 숲이 보이고. 유학자의 차림새를 하고 근엄하게 서 있는 저 선비는 어디를 보고 있을까? 서양에서 들어오는 신학문 바람과 달라져 가는 생활 방식 앞에서 평생 유학을 공부하고 그에 따라 살아온 선비들이 설 땅이 점점 없어져 가는 것을 이 선비는 어떻게 생각할까?

'서울에서는 벌써 학교에서 한문보다는 영어를 더 많이 배우고, 젊은 남녀들끼리 만나 연애도 하고 결혼도 한다는데, 쯧쯧, 상스럽지 뭔가? 심지어는 여자들이 남자들과 나란히 직장에도 다닌다던데, 아니 그보다 야소교(예수교)라는 게 들어와서 조상 제사도 지낼 필요 없다 한다던데 젊은이들이 그런 데에 빠져들면 세상이 어찌 되려는가 말이다.'

이 선비는 이래저래 혀를 차고 있을 거야. 그러다 체념도 하겠지.

'하지만 어쩌겠나, 세상이 자꾸 바뀌는 것을 무슨 수로 막나?'

뒤가 왕릉이라고 했는데 커다란 왕릉은 그림 바깥에 있어 안 보이고 앞에 세워둔 선비석과 장군석만 보이네. 왕릉 둘레에는 왕이 살아 있을 때 왕을 모시던 것처럼 장군과 선비를 돌로 다듬어 세워 두지. 그림 왼쪽에 말 형상도 있지? 여러 가지 동물들도 무덤을 지키라고 세워 두는 거래.

영국 화가 엘리자베스 키스 그림에서 우리 문화 찾기

왕릉 앞에 선 시골 선비 Country Scholar before a Royal Tomb, 수채화

인자한 선비

깔끔한 선비의 초상화야. 단아한 모자에다 연한 옥색 두루마기에는 깃과 소매 끝에 검은색 단을 대어 아주 단정해 보여. 백옥으로 단장한 막대기까지, 전형적인 유학자의 차림새야. 높은 학문과 선비의 품위가 느껴지지?

이 나이 많은 조선 선비와 얼굴을 대한다는 것은 즐거운 일이었다.
표정에서 가정 교육을 잘 받아 몸에 익은 인자한 부드러움을
읽을 수가 있었다. 선비의 몸가짐은 은근하면서도 정중했다.
속세의 근심을 떠나 별천지에 사는 사람이라는 인상을 주었다.

우리나라는 예부터 학문을 소중히 여겨 학자와 문인을 존중했지. 가난해도 학문이 깊으면 당당했어. 사람들도 존중해 주었고.

한국 사람들의 붓글씨 솜씨는 유명하다.
양반들에게 붓글씨와 시 짓기는 즐거운 놀이였다.

자연과 더불어 가야금을 뜯고 시를 읊으며 풍류를 즐기는가 하면 옳지 않은 일에는 바른 소리를 거침없이 해 대는 꼿꼿한 사람들이 바로 선비야.

시골 선비 The Country Scholar, 채색 동판화

거문고와 피리 연주

궁중 음악가 Court Musicians, 1938, 채색 동판화

나이 많은 악사가 점잖게 앉아 거문고를 타고 있네. 줄을 누르고 있는 왼손은 부드러우면서도 힘이 있어. 저 손끝에서 둥기둥 줄이 울면 아름다운 선율이 방 안 가득 퍼지겠지. 대문 밖을 지나던 사람도 발걸음을 멈추겠고.

거문고에 두 마리 학이 날고 있지? 고구려의 왕산악이 거문고를 연주하자 학이 와서 날았다는 얘기가 있어. 신선이 학을 타고 올 만큼 멋진 곡이었을까. 이 악사도 학 날갯짓에 맞춰 거문고를 타면서 신선의 경지를 꿈꾸었을까.

그 옆에는 또 한 악사가 무릎을 단정히 꿇은 채 피리를 불고 있어. 높고 가는 소리가 애절하게 울려 퍼질 것 같은데.

나란히 앉아 깊고 그윽한 소리에 빠져 있는 걸 보니 두 사람은 오랫동안 함께 곡조를 맞춰 온 사이 같아. 입은 예복이 고종, 순종 때 것이래. 그때 궁중 음악을 연주하던 마지막 악사들이 아닐까 싶어. 지금은 그윽하게 눈을 감은 채 무슨 곡으로 화음을 맞추고 있을까?

거문고와 피리

거문고는 중국 진나라의 칠현금을 고구려의 왕산악이 고쳐서 만든 악기라고 해. 거문고는 신라에 전해져 신에게 제사 지낼 때 쓰는 악기로 보전되다가 조선 후기에 선비들의 필수품이 되었지. 이들은 거문고를 연주하면서 정신을 다스리고 풍류를 즐겼어. 그 덕에 많은 거문고 노래가 만들어져 우리나라 음악의 역사를 이해하는 데 큰 도움을 주고 있어.

피리는 오래 묵은 대나무에 갸름한 나무 조각을 꽂아 입을 대고 부는 우리나라 전통 관악기야. 고구려 때 당나라에서 들어왔는데 크기도 다르고 내는 소리의 높이도 다르지.

4

기억하고 싶은 풍경들

달빛 아래 서울 흥인지문

동대문 East Gate, 1919, 채색 목판화

달빛 아래 수려한 모습으로 서 있는 서울의 동대문, 정확히 말하면 흥인지문의 옛 모습이야. 짙고 연한 청회색은 은은하게 흐르는 달빛 때문일까? 옹성을 두르고 고즈넉이 서 있는 모습이 신비로운 느낌마저 들어. 격조있는 지붕을 가만히 보고 있으니 숙연해지네. 위층 지붕에는 잡상들이 줄지어 있는 게 보이지? 잡상은 위험을 막아 주는 동물 모양 흙 인형이야. 사방으로 도성을 지켜 주고 있어.

이미 어두워졌는데 어떤 사람이 당나귀에 짐을 싣고 막 대문을 지나고 있어. 예전에는 해가 지면 문을 닫았는데 이 무렵에는 늘 열어 놓아서 언제든지 사람들이 드나들었어. 뒤쪽 상가에도 아직 불빛이 반짝이고 창으로 사람들 그림자 몇이 어른거리고 있어. 아직 흥정하는 손님이 있나, 아니면 장사 끝내고 한숨 돌리는 부부인가?

이 목판화는 엘리자베스 키스의 작품 중에서도 가장 뛰어나다고 평가받아. 특히 돌담 결을 세세히 살린 표현은 목판화로는 하기 힘든 것이래.

해 뜰 무렵 서울 흥인지문

해 뜰 무렵 서울의 동대문 East Gate Seoul, Sunrise, 1920, 채색 목판화

밤새 소복소복 눈이 내린 새벽, 해 뜰 무렵의 아름다운 흥인지문이야. 먼 산 너머로 불그레하게 동이 트면서 쌓인 눈이 반짝이기 시작했어. 하얀 눈을 이고도 날렵하게 뻗은 추녀 선이 우아하기까지 하구나. 둥그렇게 문을 둘러싼 옹성과 주변 집들까지 함께 보니 흥인지문의 전체 모습이 더 멋스러워. 잔디로 뒤덮였던 성문 축대가 눈을 덮어쓰고 매끈하게 경사져서 차가운 눈인데도 포근한 느낌을 주네. 멀리 산 아래 옹기종기 앉아 있는 초가 마을은 딴 세상 같고.

청계천이 보이고 부지런한 사람이 벌써 한 짐 가득 지고 다리를 건너가네. 앞쪽에 아이 손 잡고 나온 여인은 아이 등쌀에 눈 밟으러 나왔나, 아니면 멀리 다리 너머 일 나가는 서방님 배웅하러 나왔나? 질러 대는 아이 소리까지 눈 속에 폭 파묻혀 버린 고요하고 기분 좋은 풍경이야.

일곱 개의 물길, 화홍문

　수양버들이 멋들어지게 늘어진 수문이구나. 일곱 개의 물길이 무지개 모양으로 만들어져 있고 그 위에 아름다운 정자가 운치를 더해 주고 있네. 화홍문이라고 해. 정조 때인 1795년에 수원 화성 안으로 흐르는 수원천의 물을 조절하기 위해 만든 두 개의 수문 가운데 북쪽 문이야.

　정자 위에 갓 쓴 선비들이 많이 보이네. 경치를 내려다보며 시 짓기 놀이라도 하나? 어른 손을 잡은 꼬마도 한 명 있구나. 할아버지 따라 나들이 왔나 봐. 화홍문 정자 아래 수양버들 사이로 고운 한복을 입은 사람들이 어른어른 보이지? 화홍문 오른쪽으로도 꽃놀이 나온 여인과 아이들이 있어.

　멀리 수문 안쪽으로도 그렇고 수문 밖에도 물가에 앉아 아주머니들이 빨래를 하고 있네. 돌 위에서 빨래를 문지르는 사람, 방망이를 높이 치켜들고 두드려 빠는 사람, 흐르는 물에 빨래를 흔들어 헹구는 사람, 물소리에 까르르 수다를 떠는 소리까지 섞여 흐르겠지?

　뒤쪽 큰 바위 위에는 분홍 치마, 하얀 이불 호청들이 마르고 있어. 빨래 다 해 놓고 나면 구성지게 노래라도 한 곡조씩 뽑을 것 같은데……. 화창한 날, 이렇게 아름다운 곳에 와서 빨래만 하고 갈 수는 없지 않겠어? 소풍 나온 셈 치고 기분도 좀 풀어야지.

　지금 수원 화성에 찾아가도 일곱 개의 무지개 모양 문을 볼 수 있어.

수원의 수문, 화홍문 Water Gate, Suwon, 수채화

수원 화성

정조가 뒤주에 갇혀 죽은 아버지 사도세자를 그리기 위해 화성으로 수도를 옮길 계획을 세우고 만든 성이야. 정조의 애끓는 눈물이 어린 곳이지. 실학자인 유형원과 정약용이 성을 설계했고 정조 18년(1794년)에 시작해 2년 뒤인 1796년에 완성했는데 거중기 등의 새로운 기계를 이용해 과학적이고 실용적으로 쌓았어. 수원 화성은 1997년 유네스코 세계 문화유산에 올랐어.

소를 탄 아버지와 아들

내가 아무리 이야기해도 원산의 아름다움을 다 이야기할 수는 없을 것 같다.

이 땅의 신비스런 아름다움이란······.

별조차 새롭게 보인다. 우리가 있는 곳에서 조금만 가면 금강산 입구다.

굽은 소나무 뒤로 멀리 금강산이 아스라이 보이고, 포구를 낀 마을이 아침 안개에 포근히 싸여 있는 아름다운 모습이야. 집집마다 밥 짓는 연기가 솔솔 올라오고, 마을 앞 나루터에는 돛배가 벌써 떴네.

이른 아침 얼룩소를 타고 길을 나선 아버지와 아들은 어디로 가는 걸까? 장터 나가는 길에 아들을 서당에라도 데려다 주는 길일까? 아니면 장 구경하고 싶다고 아들이 앞날부터 졸랐을까? 아버지 등을 꼭 부여잡고 있는 아이 좀 봐. 표정은 보이지 않지만 하늘처럼 든든한 아버지 등에 기댄 모습이 행복해 보이지 않니?

아버지 모습 좀 볼래? 성큼성큼 걷는 황소 등판이 꽤나 흔들렸을 법도 한데 오른쪽 다리를 척 올려서 왼쪽 다리에 올려놓고 거기다 담뱃대까지 물고 있어. 세상에! 대단한 기술이야. 표정도 여유 만만이야. 아내가 지어 준 따뜻한 아침을 든든히 먹은데다 믿음직한 아들을 떡하니 뒤에 태운 채 황소를 타고 가니 세상에 부러울 게 하나 없는 모양이야.

이른 아침에 계곡을 내려다보면 아침 안개,
아니 밥 짓는 연기 같은 것이 올라오는데 소나무 타는 향기가 섞여 있다.
사람들이 아침밥을 지으면 연기가 방을 돌아서 나가게 되고
그러면서 방바닥은 자연스럽게 따뜻해진다.
자칭 영리하다는 일본인들이 이런 온돌의 비결을 모르다니!

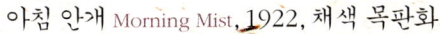
아침 안개 Morning Mist, 1922, 채색 목판화

● 별이 내리는 저녁 바다

원산 Wonsan, 1919, 채색 목판화

원산 어느 언덕에 올라서서,
멀리 초가집 굴뚝에서 연기가 올라오는 것을 보노라면
완전한 평화와 행복을 느낀다.

소나무 세 그루가 멋지게 서 있구나. 소나무와 풀밭, 머리에 인 나뭇짐까지 파란 하늘색으로 물이 들었어. 나무 사이로 총총히 빛나는 별들을 봐. 포구에도 별들이 반짝반짝 빛나고 있어. 하늘의 별들이 우르르 땅으로 내려왔나 봐. 저 멀리 어둠에 묻혀 가는 섬 앞으로 등 밝히고 밤고기 낚는 배들도 보이네.

이제 막 어두워졌나 봐. 한 아주머니가 나뭇단을 이고 집으로 가고 있잖아. 뭘 하다가 이렇게 늦었을까? 종일 밭일하다가 해가 지는 걸 보고 '어이쿠, 우리 아가들 배고프겠다.' 하며 급히 나무 한 짐 해서 머리에 이었겠지.

아주머니가 아름다운 풍경에 잠시 발걸음을 멈추었어. 아무리 마음이 바빠도 어떻게 그냥 지나갈 수 있겠어? 바다 가득 빛나는 별처럼 아주머니의 가슴에도 반짝이는 꿈이 있을 거야.

'밭일에 나무까지, 고단은 하지만 결코 힘들지 않아. 아가들이 무럭무럭 자라서 큰 인물이 될 거거든.'

선생님과 제자들의 나들이

한 할아버지가 깨끗하게 손질한 두루마기를 입고 길을 나섰네. 지팡이를 짚었지만 허리는 꼿꼿하다 못해 뒤로 살짝 젖혀져 있는 게 여간 당당한 모습이 아니야. 뒤에 죽 늘어선 제자들 때문인가?

제자들 모습이 각각이야. 유학자가 쓰는 사방관을 쓴 사람도 있고, 쪼그만 갓을 삐딱하게 쓴 사람도 있고, 머리를 길게 땋아 내린 아이도 있네. 관을 쓴 사람은 결혼을 했거나 성인식을 치른 사람이야.

오늘은 야외 수업이라도 가는가 봐. 제자들이 모두 신난 얼굴이야. 어? 저 뒤에 한 아이는 짚신이 벗겨졌나 봐. 쪼그리고 앉아 신발을 고쳐 신고 있네. 산길을 가려면 새끼줄로 잘 동여매야 할 텐데.

숲길에는 잘생긴 소나무가 울창해. 벌써 새소리와 계곡물 소리가 들릴 것 같구나.

예부터 선비들은 자연과 더불어 학문을 닦았지. 소나무 아래에서 절개를 배우기도 하고, 끊임없이 흐르는 물에서 한결같은 마음을 다짐하기도 하고, 새와 나비를 보며 훨훨 자유로운 정신을 꿈꾸기도 했지.

훈장님은 오늘 제자들과 자연에 푹 묻혀서 주거니 받거니 시를 읊을 거야. 그러면서 곧은 선비의 길을 슬쩍 가르쳐 주겠지? 나라가 어렵고 힘들수록 선비들

원산 학자와 그 제자들
The Wonsan Scholar and his Disciples,
1921, 채색 목판화

의 꿋꿋함과 자존심이 필요하지 않겠어? 조선이 일본에 강제로 합쳐졌을 때에 많은 선비들이 땅을 치며 애통해 했고 심지어 죽음으로 부당함을 주장하기도 했지.

평양 대동문

평양의 동문 East Gate, Pyeng Yang, 채색 목판화

　화강암 축대 위에 날렵한 이층 누각이 눈 속에 서 있네. 조선 중기에 지은, 평양에 있는 대동문이야. 앞에서 본 서울의 흥인지문과 구조가 비슷한데 흥인지문을 둥글게 둘러싼 옹성이 여기는 없어. 우아하면서도 절제된 한국 고유의 건축 양식이 대동문에도 잘 나타나 있어. 다른 성문과 똑같이 무지개 모양의 아치문이 있고, 적을 대비해 성 위에 낮은 담을 쌓았어.

　성문 아래 소나무가 눈을 소복이 이고 팔을 벌리고 있네. 그림에 손을 대면 '앗, 차가워.' 할 것처럼 생생해. 아치문 아래에서 하얀 한복을 입은 두 남자가 아주 진지하게 이야기를 나누고 있네. 매서운 겨울날, 지나는 사람들도 별로 없어 보이는데 두 사람은 무슨 중요한 일이 있는 걸까? 이 무렵엔 여기저기 만세 운동이 일어나고 있던 시기라 조심할 게 많은 때였는데 말이야.

　이 문은 대동강을 건너 남쪽으로 통하는 문으로 평양성의 성문들 가운데서도 가장 중요했대. 문밖의 덕바위 아래쪽에는 옛 나루터가 있는데 고구려 때부터 조선 말기까지 배 타는 사람들로 북적거렸다고 해.

　문루에는 청동으로 만든 평양종이 달려 있는데 북한의 보물 1호야. 1890년대

까지 위급한 일이나 시간을 알릴 때, 문을 여닫을 때 이 종을 쳤다고 하지.

통일이 되면 남쪽에서 올라가는 사람들도 대동문을 통해 평양에 들어갈 수 있겠지. 언제쯤이면 이 문으로 들어가서 평양종 소리를 들어 볼 수 있을까?

대동강 풍경

서울에 한강이 있다면 평양에는 대동강이 있어. 여기는 관서 팔경 가운데 하나인 연광정이 있는 대동강 기슭이야. 연광정은 고구려 때 처음 세워진 정자로 아름답고 귀한 유적이야. 강을 두른 절벽 위에 서 있어서 주변 경치가 좋기로 유명하지.

나무 그늘 아래에는 두 남자가 앉아 이야기를 나누고 있어. 그 옆에 노랑 저고리에 다홍치마를 입은 소녀는 어른들 얘기를 듣고 있을까, 아니면 멀리 돛배를 보고 있을까?

아기를 업고 연광정 쪽으로 걸어가는 아주머니는 발걸음이 느려 보이지? 아기가 바람이 쐬고 싶어 칭얼댔나 봐. 아기는 엄마를 따라 강을 내려다보고 있어. 툭 트인 풍경에 눈을 반짝이며 좋아하다가 강바람이 솔솔 불어오면 엄마 등에서 사르르 잠이 들겠지.

절벽 아래 강가에서 머릿수건을 쓰고 물가에서 빨래하는 여인들의 걷어붙인 소맷자락까지 아주 섬세하게 그려져 있지? 빨랫방망이에서 찰박찰박 젖은 빨래 소리가 날 것 같아.

평양에는 여기 말고도 귀한 유적들이 많은데 전쟁을 몇 번 치르면서 많이 파손되었대. 1894년 청일 전쟁 때 중국 군인들이 방어벽을 만든다고 유적들의 주춧돌을 빼 가기도 했대.

평양 강변
Riverside,
Pyeng Yang,
채색 목판화

대동강을 소재로 삼은 노래도 많고 문학 작품도 많아. 우리가 북한 하면 빼놓지 않고 이야기하는 곳도 대동강이고. 대동강 물을 팔아먹었다는 봉이 김선달 이야기는 들어본 적 있지?

아홉 마리 용들이 노니는
금강산 구룡폭포

보기만 해도 속이 시원한 폭포구나.

하얗게 부서져 내린 물이 바위틈을 돌아 으르렁 콸콸 흐르더니, 커다란 연못을 만들었어. 아홉 마리 용이 살았다고 해서 구룡연이라고 하고, 폭포는 구룡폭포라고 해. 금강산 구룡폭포는 화강암 아래로 굴러 떨어지는 거대한 폭포로 금강산 4대 폭포 가운데 하나야.

깊은 산속, 깎아지른 절벽 위에서 길게 떨어지는 폭포의 물줄기를 봐. 그 힘찬 모습 때문에 그 앞에 서면 저절로 고개를 숙이게 될 것 같지 않아? 벼랑의 소나무들도 대단하지? 좁은 바위틈에 뿌리를 내리고도 저렇게 우람하게 자랄 수 있다니, 그 생명력에 감탄이 절로 나와.

화가가 그린 용 아홉 마리를 찾아봐. 나무 뒤, 바위틈, 물속에도 있네. 세상에서 가장 멋진 곳인 양 마음껏 숨고 찾고 하면서 즐겁게 놀고 있어. 아주 개구쟁이 같은 용들이야.

옛날에 가끔 용들이 이곳에 나타나 소동을 피워서 사람들을 놀래켰대. 인도에서 승려들이 와서 이 용들을 달래서 보냈다는 전설이 있어. 화가는 폭포를 보면서 용들이 서로 장난치며 노는 모습이 저절로 떠올라 그렸나 봐. 어쩌면 정말 용을 본 건 아닐까? 워낙 풍경에 빨려 들어가 있어서 용들이 짜잔, 하고 나타나 주었을지도 몰라.

금강산 구룡폭포
The Nine Dragon Pool,
Diamond Mountains,
1921, 채색 목판화

구름을 타고
부처가 내려온 금강산

어머! 판타지 동화에 나올 것 같은 그림이네. 화가가 금강산의 신비로움에 흠뻑 빠졌나 봐. 원래는 사실화를 그리는데 금강산 그림만은 전설을 바탕으로 환상적으로 그렸어.

부처들이 탄 구름이 높이 솟은 봉우리들을 휘감으며 내려오고 벼랑의 소나무들은 푸른 기운을 뻗치고 있어. 그 아래 큰 바위에는 호랑이 두 마리가 떡하니 앉아 있고. 콸콸 쏟아지는 폭포 아래 천 년을 기다렸다가 이제 막 몸을 얻은 듯한 용이 물속에서 머리를 내놓고 있네. 어쩌면 저 구름을 얻어 타고 하늘로 올라갈지도 몰라. 용은 하늘로 오르는 게 소원이니까.

오른쪽 바위에는 한복을 입은 한 여인이 두 손을 모으고 소원을 빌고 있어. 신비스런 기운이 그림 전체에 감돌고 있지 않아?

금강산은 우리 민족이 자랑하는 산이야. 선비들은 죽기 전에 금강산에 한번가 보는 게 소원이었다고 하지. 우리가 잘 아는 나무꾼과 선녀 이야기에 나오는 선녀가 목욕하던 곳도 금강산에 있어. 금강산을 두고 '일만 이천 봉, 팔만 구 암자' 이렇게 말하는데 그만큼 산이 깊고 암자도 많았던 모양이야.

그래서 금강산에 대한 글도 많고 노래도 많아. 송강 정철은 〈관동별곡〉이란 노래에서 금강산 봉우리들을 '연꽃을 꽂았는 듯, 백옥을 묶었는 듯, 동해를 박차는 듯, 북극을 괴었는 듯'이라며 감탄을 했지. 속담에도 '금강산 그늘이 관동 팔십

금강산 The Diamond Mountains, 1921, 채색 목판화

리 간다'는 말이 있어. 금강산이 있어서 그 주위 관동 일대가 다 아름답듯이, 덕망이 있고 훌륭한 사람 옆에 있으면 그 덕을 받아 같이 훌륭하게 된다는 뜻이야.

'금강산 찾아가자 일만 이천 봉, 볼수록 아름답고 신기하구나.' 이 노래 알아? 고무줄뛰기하며 부르던 노래야. '금강산도 제 가기 싫으면 그만이다.' '금강산도 식후경'이란 말도 다 금강산이 워낙 빼어나기 때문에 생긴 말들이지.

저녁밥 짓기

남자들이 불 때고 밥을 하고 있네. 천정과 선반 위쪽 벽에 절에서 흔히 볼 수 있는 그림이 보이지? 그래, 금강산의 장안사로 짐작되는 절의 부엌이야.

부뚜막이 어찌나 넓은지 남자가 아예 올라앉아서 밥물을 맞추고 있어. 솥도 엄청 크지? 절 식구가 많거나 찾아오는 사람들이 많은가 봐. 1920년쯤, 금강산의 아름다움은 외국에도 잘 알려져 있어서 조선을 찾은 외국인들이 한번은 찾아갔다고 해.

불을 때고 있는 소년을 봐. 아궁이는 가려서 보이지 않지만 아궁이 불빛이 옷은 물론 머릿수건까지 벌겋게 비추고 있어. 아궁이 불은 방구들을 따라 들어가 방도 따뜻하게 덥힐 거야.

그림에 보이는 커다란 가마솥에 밥을 하고 나면 아궁이에 남은 불기운 덕분에 솥 바닥에 누룽지가 얇게 눋게 돼. 물을 부어 끓여 구수한 숭늉을 만들어 먹기도 하고 그냥 주걱으로 긁어내 간식으로 먹기도 해. 그게 얼마나 맛있는지 모르지? 지금 불 때고 있는 아이는 부엌에서 일하다가 가마솥 누룽지를 실컷 먹었을 거야.

벽에 세워 둔 가마솥 뚜껑은 잔칫날엔 뒤집어서 화덕에 걸쳐 놓고 전 같은 걸 부치기도 해. 두꺼운 무쇠로 되어 있어서 무엇이든 맛있게 지질 수 있단다.

금강산 절 부엌
A Temple Kitchen,
Diamond Mountains,
1920, 채색 목판화

부엌문 밖에 한 여인이 큰 그릇을 머리에 이고 부엌으로 들어오고 있네. 저녁 무렵인가 봐. 뒤쪽으로 하늘이 붉고 그림자가 길게 드리웠어.

절에 살면서 나무도 하고 밥도 하는 등, 여러 가지 일을 하는 남자를 불목하니라고 해. 그리고 빨래나 부엌 살림을 맡아 하는 여인을 공양주 보살이라 하고. 아주 작은 절에서는 스님들이 손수 하기도 하지만.

하얀 불상

독특한 하얀 불상이 어두워지는 산을 뒤에 두고 조용히 앉아 있구나. 부드럽게 주름진 하얀 옷자락이 편안해 보이네. 한 여인이 시주함에 시주를 하고 있고 지팡이를 짚은 선비 한 사람이 경건하게 불상을 올려다보고 있어.

조선을 건국한 이성계가 도읍을 정할 때 여기서 빌었다고도 하고 고종의 어머니 민씨 부인도 여기서 기도를 드렸다고 해. 그림 속 두 사람은 부부인 것 같은데 이렇게 함께 기도하러 온 걸 보면 아마도 부모님이 병환 중이거나 아들이 객지에 나가 있을지도 모르지. 살다 보면 사람의 힘으로 할 수 없는 일이 참 많아. 그래서 어디든 가서 마음을 다해 기도하는 사람 또한 많지.

불상을 둘러싸고 있는 건물은 보도각이라고 하는데 백불을 보호하기 위해 세웠대. 보도각 기둥 뒤 커다란 바위가 보이지? 불상은 고려 시대에 바위 남쪽 면에 도드라지게 새긴 거야.

전체에 하얀 가루를 발라 놓았고 팔찌와 목걸이 부분은 금색 가루를 칠했어. 장식이 많은 관을 쓰고 머리도 길게 늘어뜨려 놓은 게 독특하지? 서울시 서대문구 홍은동에 가면 볼 수 있어.

백불 White Buddha, 1925, 채색 목판화

그림으로 찾아보기 _ 그림 제목의 가나다 순서입니다.

 결혼식에 온 손님 67

 과부 25

 궁중 옷을 입은 공주 95

 궁중 옷을 입은 청년 109

 궁중 음악가 120

 금강산 143

 금강산 구룡폭포 141

 금강산 절 부엌 145

 내시 104

 농부 43

 담뱃대를 문 노인 40

 대금 연주자 115

 돗자리 가게 79

 동대문 124

 두 명의 학자 97

 두 명의 한국 아이들 14

 맷돌 돌리는 여인들 28

 모자 가게 76

 무당 85

 무인 107

 민씨 집안 규수 93

 바느질하는 여자 26

 백불 147

 사월 초파일 21

 새색시 60

 서당 풍경 87

 수놓기 33

 수원의 수문, 화홍문 128

 시골 결혼 잔치 62

널뛰기 54

 시골 선비 119

 신발 만드는 사람들 80

 신부 행차 68

 신식 학교와 구식 학교 89

 아기 업은 여인 17

 아침 수다 34

 아침 안개 130

 어느 골목길 풍경 75

 엄마와 아기 101

 여승이었던 동씨 37

 연날리기 48

 왕릉 앞에 선 시골 선비 117

 우산 모자 45

 원산 133

 원산 학자와 그 제자들 135

 자작 김윤식 99

 장기 두기 52

 정월 초하루 나들이 59

 종묘 제례 관리 112

 주막 82

 초록색 장옷 23

 평양 강변 139

 평양의 동문 136

 필동이 39

 한국의 어린이들 19

 한복을 차려입은 순이 103

 한옥 내부 73

 함흥의 어느 주부 31

 해 뜰 무렵 서울의 동대문 126

 홍포를 입은 청년 111

사진 찾아보기 _ 사진 이름의 가나다 순서입니다.

가마
상명대학교 박물관 소장
22

돗자리
대구대학교 박물관 소장
79

숯다리미
국립민속박물관 소장
27

골무
해인 변인자 작품
27

뒤주
경희대학교 박물관 소장
73

원삼
서울역사박물관 소장
61

나무 함지
대구대학교 박물관 소장
78

따리
국립민속박물관 소장
30

장옷
국립민속박물관 소장
22

남바위
전주대학교 박물관 소장
15

맷돌
국립민속박물관 소장
29

지게
국립민속박물관 소장
39

놋그릇
서강대학교 박물관 소장
83

반짇고리
경희대학교 박물관 소장
27

크리스마스실
대한결핵협회 제공
15

다듬잇돌
국립민속박물관 소장
27

베갯모
목아박물관 소장
33

키
관동대학교 박물관 소장
78

당혜
국립민속박물관 소장
81

복건
국립민속박물관 소장
20

탕건
국립민속박물관 소장
77

대금
서강대학교 박물관 소장
114

복주머니
국립민속박물관 소장
33

패옥
국립민속박물관 소장
110

댕기
국립민속박물관 소장
32

빨랫방망이
문경새재박물관 소장
30

편경
국립고궁박물관 소장
113

도투락댕기
한양대학교 박물관 소장
60

소쿠리
군산대학교 박물관 소장
78

화
국립민속박물관 소장
81

영국 화가 엘리자베스 키스 그림에서
우리 문화 찾기

1판 1쇄 2008년 12월 5일
1판 8쇄 2017년 9월 25일

그림 | 엘리자베스 키스
글 | 배유안

디자인 | 이석운, 김미연
종이 | 세종페이퍼

펴낸곳 | 도서출판 책과함께
주소 | 서울시 마포구 동교로 70 소와소빌딩 2층
전화 | 02-335-1982 팩스 | 02-335-1316
전자우편 | prpub@hanmail.net 블로그 | blog.naver.com/prpub
등록 | 2003년 4월 3일 제25100-2003-392호

ISBN 978-89-91221-42-0 (73900)

이 책의 국립중앙도서관 출판시 도서목록(CIP)은
e-CIP 홈페이지(http://www.nl.go.kr/ecip)에서 이용하실 수 있습니다.(CIP제어번호: CIP 2008003538)